# GEDICHTE

**für bayerische Schulen
Jahrgangsstufen 5-10**

*(gemäß dem Erlaß des Bayerischen Staatsministeriums für Unterricht und Kultus vom 6. Mai 1985 über das Erlernen von Liedern und Gedichten in den Schulen des Landes)*

**Ernst Klett Verlag**

# Gedichte

**für bayerische Schulen
Jahrgangsstufen 5–10**

Die vorliegende Gedichtsammlung basiert auf der vom Bayerischen Staatsministerium für Unterricht und Kultus im KMBl I, Nr. 9/1985, S. 74 (Bekanntmachung vom 6. Mai 1985, Nr. A/14 – 8/21 344, über das Erlernen von Liedern und Gedichten) veröffentlichten Liste von Gedichten für die Jahrgangsstufen 5–10 an Gymnasien, Real-, Haupt- und Wirtschaftsschulen.

Die in der ministeriellen Bekanntmachung alphabetisch aufgeführten Gedichte wurden für den vorliegenden Gedichtband in Themenblöcken angeordnet:
Der erste Gedichtblock in jeder Jahrgangsstufe umfaßt Gedichte zu Tages- und Jahreszeiten; dem Schuljahresablauf entsprechend bilden hierbei Herbstgedichte den Auftakt.
Der zweite Gedichtblock enthält jeweils Gedankenlyrik.
Der dritte Gedichtblock bietet für die Jahrgangsstufen 5 und 6 humoristische Lyrik, für die Jahrgangsstufen 7 und 8 Balladen.

*Umschlaggemälde: Alexej von Jawlensky, Murnau*

ISBN 3-12-306100-0

1. Auflage  1 6 5 4 3 2 | 1990 89 88 87 86

Alle Drucke dieser Auflage können im Unterricht nebeneinander benutzt werden, sie sind untereinander unverändert. Die letzte Zahl bezeichnet das Jahr dieses Druckes.
© Ernst Klett Verlage GmbH u. Co. KG, Stuttgart 1985.
Nach dem Urheberrechtsgesetz vom 9. September 1965 i.d.F. vom 10. November 1972 ist die Vervielfältigung oder Übertragung urheberrechtlich geschützter Werke, also auch der Texte, Illustrationen und Grafiken dieses Buches, nicht gestattet. Dieses Verbot erstreckt sich auch auf die Vervielfältigung für Zwecke der Unterrichtsgestaltung – mit Ausnahme der in den §§ 53, 54 URG ausdrücklich genannten Sonderfälle –, wenn nicht die Einwilligung des Verlages vorher eingeholt wurde. Im Einzelfall muß über die Zahlung einer Gebühr für die Nutzung fremden geistigen Eigentums entschieden werden. Als Vervielfältigung gelten alle Verfahren einschließlich der Fotokopie, der Übertragung auf Matrizen, der Speicherung auf Bändern, Platten, Transparenten oder anderen Medien.
Satz: Setzerei Lihs, Ludwigsburg.
Druck: Fricke GmbH u. Co. KG, Stuttgart.

# Inhalt

**Jahrgangsstufe 5**     7

| | | |
|---|---|---|
| Friedrich Hebbel | Herbstbild | 8 |
| Georg Britting | Drachen | 8 |
| Bertolt Brecht | Die Vögel warten im Winter | 9 |
| Joseph von Eichendorff | Frische Fahrt | 10 |
| Johann Wolfgang von Goethe | Gefunden | 10 |
| Heinrich Heine | Meeresstille | 11 |
| Peter Huchel | Der glückliche Garten | 12 |
| Eduard Mörike | Gebet | 12 |
| Hans Carossa | Was einer ist | 12 |
| Joachim Ringelnatz | Schenken | 13 |
| Christian Morgenstern | Der Lattenzaun | 13 |
| Wilhelm Busch | Fink und Frosch | 14 |

**Jahrgangsstufe 6**     15

| | | |
|---|---|---|
| Joseph von Eichendorff | Wünschelrute | 16 |
| Matthias Claudius | Abendlied | 16 |
| Eugen Roth | Trost | 17 |
| Eduard Mörike | Septembermorgen | 18 |
| Eduard Mörike | Er ists | 18 |
| Ludwig Uhland | Frühlingsglaube | 18 |
| Marie Luise Kaschnitz | Juni | 19 |
| Georg Britting | Raubritter | 20 |
| Albrecht Goes | Die Schritte | 20 |
| Franz Fühmann | Lob des Ungehorsams | 21 |
| Johann Wolfgang von Goethe | Schneider-Courage | 22 |
| Detlev von Liliencron | Die Musik kommt | 23 |
| Christian Morgenstern | Die unmögliche Tatsache | 24 |

## Jahrgangsstufe 7 ... 25

| | | |
|---|---|---|
| Rainer Maria Rilke | Herbsttag | 26 |
| Theodor Storm | Die Stadt | 26 |
| Georg Trakl | Im Winter | 27 |
| Georg Heym | April | 27 |
| Georg Britting | Fröhlicher Regen | 28 |
| Karl Krolow | Kurzes Unwetter | 28 |
| Rudolf Hagelstange | Sommerliches Gebet | 29 |
| Stefan George | Vogelschau | 30 |
| Marie Luise Kaschnitz | Ostia antica | 30 |
| Friedrich von Schiller | Der Handschuh | 31 |
| Johann Wolfgang von Goethe | Der Zauberlehrling | 32 |
| August von Platen | Das Grab im Busento | 33 |
| Heinrich Heine | Belsazar | 34 |
| Eduard Mörike | Der Feuerreiter | 35 |
| Erich Kästner | Die Entwicklung der Menschheit | 37 |
| Wilhelm Busch | Bewaffneter Friede | 38 |

## Jahrgangsstufe 8 ... 39

| | | |
|---|---|---|
| Clemens Brentano | Abendständchen | 40 |
| Joseph von Eichendorff | Mondnacht | 40 |
| Christian Knorr von Rosenroth | Morgenandacht | 41 |
| Hermann Hesse | Im Nebel | 41 |
| Hugo von Hofmannsthal | Vorfrühling | 42 |
| Paul Gerhardt | Geh aus mein Herz | 43 |
| Rainer Maria Rilke | Das Karussell | 44 |
| Kurt Tucholsky | Augen in der Großstadt | 45 |
| Walther von der Vogelweide | Ich saz ûf eime steine | 46 |
| Matthias Claudius | Kriegslied | 47 |
| Alter Volksspruch | Ich kam, weiß nicht woher | 47 |
| Wilhelm Lehmann | An meinen ältesten Sohn | 48 |
| Annette von Droste-Hülshoff | Der Knabe im Moor | 48 |
| Friedrich von Schiller | Die Bürgschaft | 50 |
| Theodor Fontane | Die Brück' am Tay | 52 |
| Georg Heym | Columbus | 54 |

## Jahrgangsstufe 9 — 55

| | | |
|---|---|---|
| Georg Trakl | Die schöne Stadt | 56 |
| Conrad Ferdinand Meyer | Der römische Brunnen | 57 |
| Günter Eich | Pfaffenhut | 57 |
| Johann Wolfgang von Goethe | Mailied | 58 |
| Joseph von Eichendorff | Sehnsucht | 59 |
| Gottfried Benn | Reisen | 59 |
| Heinz Piontek | Die Furt | 60 |
| Reiner Kunze | Sensible Wege | 60 |
| Johann Wolfgang von Goethe | Willkommen und Abschied | 61 |
| Heinrich Heine | Ich weiß nicht, was soll es bedeuten | 61 |
| Andreas Gryphius | Es ist alles eitel | 62 |
| Christian Hofmann von Hofmannswaldau | Die Welt | 62 |
| Friedrich von Schiller | Hoffnung | 63 |
| Hugo von Hofmannsthal | Was ist die Welt? | 63 |
| Rainer Maria Rilke | Der Panther | 64 |
| Ingeborg Bachmann | Reklame | 64 |

## Jahrgangsstufe 10 — 65

| | | |
|---|---|---|
| Johann Wolfgang von Goethe | An den Mond | 66 |
| Stefan George | Komm in den totgesagten Park | 66 |
| Ingeborg Bachmann | Die große Fracht | 67 |
| Georg Heym | Der Winter | 67 |
| Gottfried Benn | Einsamer nie – | 68 |
| Oskar Loerke | Der Silberdistelwald | 68 |
| Johann Wolfgang von Goethe | Prometheus | 69 |
| Friedrich Hölderlin | Hälfte des Lebens | 70 |
| Friedrich Nietzsche | Vereinsamt | 70 |
| Else Lasker-Schüler | Mein blaues Klavier | 71 |
| Hermann Hesse | Stufen | 71 |
| Bertolt Brecht | Die Liebenden | 72 |
| Erich Kästner | Sachliche Romanze | 73 |
| Peter Huchel | Letzte Fahrt | 74 |
| Paul Celan | Espenbaum | 75 |
| Christoph Meckel | Andere Erde | 75 |

**Verzeichnis der Gedichtmotive** ... 76
**Autoren- und Quellenverzeichnis** ... 78
**Abbildungsverzeichnis** ... 81

*Schläft ein Lied in allen Dingen,*
*Die da träumen fort und fort,*
*Und die Welt hebt an zu singen,*
*Triffst du nur das Zauberwort.*

    JOSEPH VON EICHENDORFF

*Franz Marc (1880–1916): Rehe im Wald*

# Jahrgangsstufe 5

*Friedrich Hebbel*

## Herbstbild

Dies ist ein Herbsttag, wie ich keinen sah!
Die Luft ist still, als atmete man kaum,
Und dennoch fallen raschelnd, fern und nah,
Die schönsten Früchte ab von jedem Baum.

O stört sie nicht, die Feier der Natur!
Dies ist die Lese, die sie selber hält,
Denn heute löst sich von den Zweigen nur,
Was vor dem milden Strahl der Sonne fällt.


*Georg Britting*

## Drachen

Die Drachen steigen wieder
Und schwanken mit den Schwänzen
Und brummen stumme Lieder
Zu ihren Geistertänzen.

Von wo der knallende Wind herweht?
Von Bauerngärten schwer!
Jeder Garten prallfäustig voll Blumen steht,
Die Felder sind lustig leer.

Der hohe Himmel ist ausgeräumt,
Wasserblau, ohne Regenunmut.
Eine einzige weiße Wolke schäumt,
Goldhufig, wie ein Roß gebäumt,
Glanzstrudlig durch die Luftflut.

*Bertolt Brecht*

# Die Vögel warten im Winter vor dem Fenster

1

Ich bin der Sperling.
Kinder, ich bin am Ende.
Und ich rief euch immer im vergangnen Jahr
Wenn der Rabe wieder im Salatbeet war.
Bitte um eine kleine Spende.
   Sperling, komm nach vorn.
   Sperling, hier ist dein Korn.
   Und besten Dank für die Arbeit!

2

Ich bin der Buntspecht.
Kinder, ich bin am Ende.
Und ich hämmere die ganze Sommerzeit
All das Ungeziefer schaffe ich beiseit.
Bitte um eine kleine Spende.
   Buntspecht, komm nach vurn.
   Buntsprecht, hier ist dein Wurm.
   Und besten Dank für die Arbeit!

3

Ich bin die Amsel.
Kinder, ich bin am Ende.
Und ich war es, die den ganzen Sommer lang
Früh im Dämmergrau in Nachbars Garten sang.
Bitte um eine kleine Spende.
   Amsel, komm nach vorn.
   Amsel, hier ist dein Korn.
   Und besten Dank für die Arbeit!

*Joseph von Eichendorff*

## Frische Fahrt

Laue Luft kommt blau geflossen,
Frühling, Frühling soll es sein!
Waldwärts Hörnerklang geschossen,
Mutger Augen lichter Schein;
Und das Wirren bunt und bunter
Wird ein magisch wilder Fluß,
In die schöne Welt hinunter
Lockt dich dieses Stromes Gruß.

Und ich mag mich nicht bewahren!
Weit von euch treibt mich der Wind,
Auf dem Strome will ich fahren,
Von dem Glanze selig blind!
Tausend Stimmen lockend schlagen,
Hoch Aurora flammend weht,
Fahre zu! Ich mag nicht fragen,
Wo die Fahrt zu Ende geht!


*Johann Wolfgang von Goethe*

## Gefunden

Ich ging im Walde
So für mich hin,
Und nichts zu suchen,
Das war mein Sinn.

Im Schatten sah ich
Ein Blümchen stehn,
Wie Sterne leuchtend,
Wie Äuglein schön.

Ich wollt es brechen,
Da sagt' es fein:
Soll ich zum Welken
Gebrochen sein?

Ich grubs mit allen
Den Würzlein aus,
Zum Garten trug ichs
Am hübschen Haus.

Und pflanzt es wieder
Am stillen Ort;
Nun zweigt es immer
Und blüht so fort.

*Heinrich Heine*

# Meeresstille

Meeresstille! Ihre Strahlen
Wirft die Sonne auf das Wasser,
Und im wogenden Geschmeide
Zieht das Schiff die grünen Furchen.

Bei dem Steuer liegt der Bootsmann
Auf dem Bauch, und schnarchet leise.
Bei dem Mastbaum, segelflickend,
Kauert der beteerte Schiffsjung.

Hinterm Schmutze seiner Wangen
Sprüht es rot, wehmütig zuckt es
Um das breite Maul, und schmerzlich
Schaun die großen, schönen Augen.

Denn der Kapitän steht vor ihm,
Tobt und flucht und schilt ihn: Spitzbub.
„Spitzbub! einen Hering hast du
Aus der Tonne mir gestohlen!"

Meeresstille! Aus den Wellen
Taucht hervor ein kluges Fischlein,
Wärmt das Köpfchen in der Sonne,
Plätschert lustig mit dem Schwänzchen.

Doch die Möwe, aus den Lüften,
Schießt herunter auf das Fischlein,
Und den raschen Raub im Schnabel,
Schwingt sie sich hinauf ins Blaue.

*Peter Huchel*

## Der glückliche Garten

Einst waren wir alle im glücklichen Garten,
ich weiß nicht mehr, vor welchem Haus,
wo wir die kindliche Stimme sparten
für Gras und Amsel, Kamille und Strauß.

Da saßen wir abends auf einer Schwelle,
ich weiß nicht mehr, vor welchem Tor,
und sahn wie im Mond die mondweißen Felle
der Katzen und Hunde traten hervor.

Wir riefen sie alle damals beim Namen,
ich weiß nicht mehr, wie ich sie rief.
Und wenn dann die Mägde uns holen kamen,
umfing uns das Tuch, in dem man gleich schlief.

*Eduard Mörike*

## Gebet

Herr! schicke, was du willt,
Ein Liebes oder Leides;
Ich bin vergnügt, daß beides
Aus Deinen Händen quillt.

Wollest mit Freuden
und wollest mit Leiden
Mich nicht überschütten!
Doch in der Mitten
Liegt holdes Bescheiden.

*Hans Carossa*

## [Was einer ist]

Was einer ist, was einer war,
Beim Scheiden wird es offenbar.
Wir hörens nicht, wenn Gottes Weise summt,
Wir schaudern erst, wenn sie verstummt.

*Joachim Ringelnatz*

# Schenken

Schenke groß oder klein,
Aber immer gediegen.
Wenn die Bedachten
Die Gaben wiegen,
Sei dein Gewissen rein.

Schenke herzlich und frei.
Schenke dabei
Was in dir wohnt
An Meinung, Geschmack und Humor,
So daß die eigene Freude zuvor
Dich reichlich belohnt.

Schenke mit Geist ohne List.
Sei eingedenk,
Daß dein Geschenk
Du selber bist.


*Christian Morgenstern*

# Der Lattenzaun

Es war einmal ein Lattenzaun,
mit Zwischenraum, hindurchzuschaun.

Ein Architekt, der dieses sah,
stand eines Abends plötzlich da –

und nahm den Zwischenraum heraus
und baute draus ein großes Haus.

Der Zaun indessen stand ganz dumm,
mit Latten ohne was herum.

Ein Anblick gräßlich und gemein.
Drum zog ihn der Senat auch ein.

Der Architekt jedoch entfloh
nach Afri- od- Ameriko.

*Wilhelm Busch*

# Fink und Frosch

Im Apfelbaume pfeift der Fink
Sein: pinkepink!
Ein Laubfrosch klettert mühsam nach
Bis auf des Baumes Blätterdach
Und bläht sich auf und quakt: „ja, ja!
Herr Nachbar, ick bin och noch da!"

Und wie der Vogel frisch und süß
Sein Frühlingslied erklingen ließ,
Gleich muß der Frosch in rauhen Tönen
Den Schusterbaß dazwischen dröhnen.

„Juchheija heija!" spricht der Fink,
„Fort flieg ich flink!"
Und schwingt sich in die Lüfte hoch.

„Wat!" – ruft der Frosch, – „dat kann ick och!"
Macht einen ungeschickten Satz,
Fällt auf den harten Gartenplatz,
Ist platt, wie man die Kuchen backt
Und hat für ewig ausgequakt.

Wenn einer, der mit Mühe kaum
Geklettert ist auf einen Baum,
Schon meint, daß er ein Vogel wär',
So irrt sich der.

Vincent van Gogh (1853–1890): Blumengarten in Arles

# Jahrgangsstufe 6

*Joseph von Eichendorff*

## Wünschelrute

Schläft ein Lied in allen Dingen,
Die da träumen fort und fort,
Und die Welt hebt an zu singen,
Triffst du nur das Zauberwort.



*Matthias Claudius*

## Abendlied

Der Mond ist aufgegangen,
Die goldnen Sternlein prangen
   Am Himmel hell und klar;
Der Wald steht schwarz und schweiget,
Und aus den Wiesen steiget
   Der weiße Nebel wunderbar.

Wie ist die Welt so stille,
Und in der Dämmrung Hülle
   So traulich und so hold!
Als eine stille Kammer,
Wo ihr des Tages Jammer
   Verschlafen und vergessen sollt.

Seht ihr den Mond dort stehen? –
Er ist nur halb zu sehen,
   Und ist doch rund und schön!
So sind wohl manche Sachen,
Die wir getrost belachen,
   Weil unsre Augen sie nicht sehn.

Wir stolze Menschenkinder
Sind eitel arme Sünder
   Und wissen gar nicht viel;
Wir spinnen Luftgespinste
Und suchen viele Künste
   Und kommen weiter von dem Ziel.

Gott, laß uns dein Heil schauen,
Auf nichts Vergänglichs trauen,
   Nicht Eitelkeit uns freun!
Laß uns einfältig werden
Und vor dir hier auf Erden
   Wie Kinder fromm und fröhlich sein!

Wollst endlich sonder Grämen
Aus dieser Welt uns nehmen
   Durch einen sanften Tod!
Und, wenn du uns genommen,
Laß uns in Himmel kommen,
   Du unser Herr und unser Gott!

So legt euch denn, ihr Brüder,
In Gottes Namen nieder;
   Kalt ist der Abendhauch.
Verschon uns, Gott! mit Strafen,
Und laß uns ruhig schlafen!
   Und unsern kranken Nachbar auch!

*Eugen Roth*

## Trost

Du weißt, daß hinter den Wäldern blau
Die großen Berge sind.
Und heute nur ist der Himmel grau
Und die Erde blind.

Du weißt, daß über den Wolken schwer
Die schönen Sterne stehn,
Und heute nur ist aus dem goldenen Heer
Kein einziger zu sehn.

Und warum glaubst du dann nicht auch,
Daß uns die Wolke Welt
Nur heute als ein flüchtiger Hauch
Die Ewigkeit verstellt?

*Eduard Mörike*

## Septembermorgen

Im Nebel ruhet noch die Welt,
Noch träumen Wald und Wiesen:
Bald siehst du, wenn der Schleier fällt,
Den blauen Himmel unverstellt,
Herbstkräftig die gedämpfte Welt
In warmem Golde fließen.


*Eduard Mörike*

## Er ists

Frühling läßt sein blaues Band
Wieder flattern durch die Lüfte;
Süße, wohlbekannte Düfte
Streifen ahnungsvoll das Land.
Veilchen träumen schon,
Wollen balde kommen.
– Horch, von fern ein leiser Harfenton!
Frühling, ja du bists!
Dich hab ich vernommen!


*Ludwig Uhland*

## Frühlingsglaube

Die linden Lüfte sind erwacht,
Sie säuseln und weben Tag und Nacht,
Sie schaffen an allen Enden.
O frischer Duft, o neuer Klang!
Nun, armes Herze, sei nicht bang!
Nun muß sich alles, alles wenden.

Die Welt wird schöner mit jedem Tag,
Man weiß nicht, was noch werden mag,
Das Blühen will nicht enden.
Es blüht das fernste, tiefste Tal:
Nun, armes Herz, vergiß der Qual!
Nun muß sich alles, alles wenden.

*Marie Luise Kaschnitz*

## Juni

Schön wie niemals sah ich jüngst die Erde.
Einer Insel gleich trieb sie im Winde.
Prangend trug sie durch den reinen Himmel
Ihrer Jugend wunderbaren Glanz.

Funkelnd lagen ihre blauen Seen,
Ihre Ströme zwischen Wiesenufern.
Rauschen ging durch ihre lichten Wälder,
Große Vögel folgten ihrem Flug.

Voll von jungen Tieren war die Erde.
Fohlen jagten auf den grellen Weiden,
Vögel reckten schreiend sich im Neste,
Gurrend rührte sich im Schilf die Brut.

Bei den roten Häusern im Holunder
Trieben Kinder lärmend ihre Kreisel;
Singend flochten sie auf gelben Wiesen
Ketten sich aus Halm und Löwenzahn.

Unaufhörlich neigten sich die grünen
Jungen Felder in des Windes Atem,
Drehten sich der Mühlen schwere Flügel,
Neigten sich die Segel auf dem Haff.

Unaufhörlich trieb die junge Erde
Durch das siebenfache Licht des Himmels;
Flüchtig nur wie einer Wolke Schatten
Lag auf ihrem Angesicht die Nacht.

*Georg Britting*

# Raubritter

Zwischen Kraut und grünen Stangen
Jungen Schilfes steht der Hecht,
Mit Unholdsaugen im Kopf, dem langen,
Der Herr der Fische und Wasserschlangen,
Mit Kiefern, gewaltig wie Eisenzangen,
Gestachelt die Flossen: Raubtiergeschlecht.

Unbeweglich, uralt, aus Metall,
Grünspanig von tausend Jahren.
Ein Steinwurf! Wasserspritzen und Schwall:
Er ist blitzend davongefahren.

Butterblume, Sumpfdotterblume, feurig, gelblich rot,
Schaukelt auf den Wasserringen wie ein Seeräuberboot.


*Albrecht Goes*

# Die Schritte

Klein ist, mein Kind, dein erster Schritt,
Klein wird dein letzter sein.
Den ersten gehen Vater und Mutter mit,
Den letzten gehst du allein.

Seis um ein Jahr, dann gehst du, Kind,
Viele Schritte unbewacht,
Wer weiß, was das dann für Schritte sind
Im Licht und in der Nacht?

Geh kühnen Schritt, tu tapfren Tritt,
Groß ist die Welt und dein.
Wir werden, mein Kind, nach dem letzten Schritt
Wieder beisammen sein.

*Franz Fühmann*

## Lob des Ungehorsams

Sie waren sieben Geißlein
und durften überall reinschaun,
nur nicht in den Uhrenkasten,
das könnte die Uhr verderben,
hatte die Mutter gesagt.

Es waren sechs artige Geißlein,
die wollten überall reinschaun,
nur nicht in den Uhrenkasten,
das könnte die Uhr verderben,
hatte die Mutter gesagt.

Es war ein unfolgsames Geißlein,
das wollte überall reinschaun,
auch in den Uhrenkasten,
da hat es die Uhr verdorben,
wie es die Mutter gesagt.

Dann kam der böse Wolf.

Es waren sechs artige Geißlein,
die versteckten sich, als der Wolf kam,
unterm Tisch, unterm Bett, unterm Sessel,
und keines im Uhrenkasten,
sie alle fraß der Wolf.

Es war ein unartiges Geißlein,
das sprang in den Uhrenkasten,
es wußte, daß er hohl war,
dort hat's der Wolf nicht gefunden,
so ist es am Leben geblieben.

Da war Mutter Geiß aber froh.

*Johann Wolfgang von Goethe*

## Schneider-Courage

„Es ist ein Schuß gefallen!
Mein! sagt, wer schoß da drauß?"
Es ist der junge Jäger,
Der schießt im Hinterhaus.

Die Spatzen in dem Garten,
Die machen viel Verdruß.
Zwei Spatzen und ein Schneider,
Die fielen von dem Schuß;

Die Spatzen von den Schroten,
Der Schneider von dem Schreck,
Die Spatzen in die Schoten,
Der Schneider in den —.

*Detlev von Liliencron*

# Die Musik kommt

Klingling, bumbum und tschingdada,
Zieht im Triumph der Perserschah?
Und um die Ecke brausend bricht's
Wie Tubaton des Weltgerichts,
  Voran der Schellenträger.

Brumbrum, das große Bombardon,
Der Beckenschlag, das Helikon,
Die Piccolo, der Zinkenist,
Die Türkentrommel, der Flötist,
  Und dann der Herre Hauptmann.

Der Hauptmann naht mit stolzem Sinn,
Die Schuppenketten unterm Kinn,
Die Schärpe schnürt den schlanken Leib,
Beim Zeus! das ist kein Zeitvertreib,
  Und dann die Herren Leutnants.

Zwei Leutnants, rosenrot und braun,
Die Fahne schützen sie als Zaun;
Die Fahne kommt, den Hut nimm ab,
Der bleiben treu wir bis ans Grab!
  Und dann die Grenadiere.

Der Grenadier im strammen Tritt,
In Schritt und Tritt und Tritt und Schritt,
Das stampft und dröhnt und klappt und flirrt,
Laternenglas und Fenster klirrt,
  Und dann die kleinen Mädchen.

Die Mädchen alle, Kopf an Kopf,
Das Auge blau und blond der Zopf,
Aus Tür und Tor und Hof und Haus
Schaut Mine, Trine, Stine aus,
  Vorbei ist die Musike.

Klingling, tschingtsching und Paukenkrach,
Noch aus der Ferne tönt es schwach,
Ganz leise bumbumbumbum tsching;
Zog da ein bunter Schmetterling,
  Tschingtsching, bum, um die Ecke?

*Christian Morgenstern*

# Die unmögliche Tatsache

Palmström, etwas schon an Jahren,
wird an einer Straßenbeuge
und von einem Kraftfahrzeuge
überfahren.

„Wie war" (spricht er, sich erhebend
und entschlossen weiterlebend)
„möglich, wie dies Unglück, ja –:
daß es überhaupt geschah?

Ist die Staatskunst anzuklagen
in bezug auf Kraftfahrwagen?
Gab die Polizeivorschrift
hier dem Fahrer freie Trift?

Oder war vielmehr verboten,
hier Lebendige zu Toten
umzuwandeln – kurz und schlicht:
*Durfte* hier der Kutscher nicht –?"

Eingehüllt in feuchte Tücher,
prüft er die Gesetzesbücher
und ist alsobald im klaren:
Wagen durften dort nicht fahren!

Und er kommt zu dem Ergebnis:
„Nur ein Traum war das Erlebnis.
Weil", so schließt er messerscharf,
„nicht sein *kann,* was nicht sein *darf.*"

Marc Chagall (1887–1985): Der verlängerte Dichter

# Jahrgangsstufe 7

*Rainer Maria Rilke*

## Herbsttag

HERR: es ist Zeit. Der Sommer war sehr groß.
Leg deinen Schatten auf die Sonnenuhren,
und auf den Fluren laß die Winde los.

Befiehl den letzten Früchten voll zu sein;
gieb ihnen noch zwei südlichere Tage,
dränge sie zur Vollendung hin und jage
die letzte Süße in den schweren Wein.

Wer jetzt kein Haus hat, baut sich keines mehr.
Wer jetzt allein ist, wird es lange bleiben,
wird wachen, lesen, lange Briefe schreiben
und wird in den Alleen hin und her
unruhig wandern, wenn die Blätter treiben.


*Theodor Storm*

## Die Stadt

Am grauen Strand, am grauen Meer
Und seitab liegt die Stadt;
Der Nebel drückt die Dächer schwer,
Und durch die Stille braust das Meer
Eintönig um die Stadt.

Es rauscht kein Wald, es schlägt im Mai
Kein Vogel ohn Unterlaß;
Die Wandergans mit hartem Schrei
Nur fliegt in Herbstesnacht vorbei,
Am Strande weht das Gras.

Doch hängt mein Herz an dir,
Du graue Stadt am Meer;
Der Jugend Zauber für und für
Ruht lächelnd doch auf dir, auf dir,
Du graue Stadt am Meer.

*Georg Trakl*

# Im Winter

Der Acker leuchtet weiß und kalt.
Der Himmel ist einsam und ungeheuer.
Dohlen kreisen über dem Weiher
Und Jäger steigen nieder vom Wald.

Ein Schweigen in schwarzen Wipfeln wohnt.
Ein Feuerschein huscht aus den Hütten.
Bisweilen schellt sehr fern ein Schlitten
Und langsam steigt der graue Mond.

Ein Wild verblutet sanft am Rain
Und Raben plätschern in blutigen Gossen.
Das Rohr bebt gelb und aufgeschossen.
Frost, Rauch, ein Schritt im leeren Hain.


*Georg Heym*

# April

Das erste Grün der Saat, von Regen feucht,
Zieht weit sich hin an niedrer Hügel Flucht.
Zwei große Krähen flattern aufgescheucht
Zu braunem Dorngebüsch in grüner Schlucht.

Wie auf der stillen See ein Wölkchen steht,
So ruhn die Berge hinten in dem Blau,
Auf die ein feiner Regen niedergeht,
Wie Silberschleier, dünn und zitternd grau.

*Georg Britting*

## Fröhlicher Regen

Wie der Regen tropft, Regen tropft,
An die Scheiben klopft!
Jeder Strauch ist naß bezopft.

Wie der Regen springt!
In den Blättern singt
Eine Silberuhr.
Durch das Gras hin läuft,
Wie eine Schneckenspur,
Ein Streifen weiß beträuft.

Das stürmische Wasser schießt
In die Regentonne,
Daß die überfließt,
Und in breitem Schwall
Auf den Weg bekiest
Stürzt Fall um Fall.

Und der Regenriese,
Der Blauhimmelhasser,
Silbertropfenprasser,
Niesend faßt er in der Bäume Mähnen,
Lustvoll schnaubend in dem herrlich vielen Wasser.

Und er lacht mit fröhlich weißen Zähnen
Und mit kugelrunden, nassen Freudentränen.


*Karl Krolow*

## Kurzes Unwetter

Die Wolkenpferde
ins Licht sich stürzen.
Es qualmt die Erde
von starken Würzen.

Die schweren Leiber
den Himmel fegen.
Sturm ist ihr Treiber,
schlägt Staub und Regen

aufs schwarze Wasser.
Die Gräser sausen.
Die Beerenprasser
befällt ein Grausen.

Ahorne biegen
sich in den Lüften.
Wildblumen fliegen
mit fremden Düften.

Es fahren Flammen
verzückt im Strauche.
Weg stürzt zusammen.
Mit gelbem Bauche

drehn sich die Blätter
wie angesogen. –
Schon ist das Wetter
vorbeigezogen.


*Rudolf Hagelstange*

## Sommerliches Gebet

Laß das Korn am Halm sich häufen
und die Frucht im Feld!
Laß das Heu der Wiesen reifen,
Herr der Welt!

Nimm das Vieh auf Deinen Weiden
unter Deine Hut
und die Hirten, die da leiden
in der Mittagsglut.

Laß die Winde leiser wehen
vor der Sonne Bild!
Laß den Regen niedergehen,
der die Brunnen füllt!

Führe uns auf jeder Straße
– Wiesenland und Stein –!
Aber laß nach Deinem Maße
uns zum Heil es sein!

Ohne dessen Plan vom Dache
nicht ein Sperling fällt,
schütze uns vor Ungemache,
Herr der Welt!

*Stefan George*

## Vogelschau

Weisse schwalben sah ich fliegen ·
Schwalben schnee- und silberweiss ·
Sah sie sich im winde wiegen ·
In dem winde hell und heiss.

Bunte häher sah ich hüpfen ·
Papagei und kolibri
Durch die wunder-bäume schlüpfen
In dem wald der Tusferi.

Grosse raben sah ich flattern ·
Dohlen schwarz und dunkelgrau
Nah am grunde über nattern
Im verzauberten gehau.

Schwalben seh ich wieder fliegen ·
Schnee- und silberweisse schar ·
Wie sie sich im winde wiegen
In dem winde kalt und klar!

*Marie Luise Kaschnitz*

## Ostia antica

Durch die Tore: niemand
Treppen: fort ins Blau
Auf dem Estrich: Thymian
Auf den Tischen: Tau
Zwiegespräch aus Stille
Tod aus Käferzug
Abendrot im Teller
Asche im Krug.
Asphodeloswiese
Fledermäusekreis
Diesseits oder drüben
Wer das weiß —

*Friedrich von Schiller*

# Der Handschuh

Vor seinem Löwengarten,
Das Kampfspiel zu erwarten,
Saß König Franz
Und um ihn die Großen der Krone
Und rings auf hohem Balkone
Die Damen in schönem Kranz.

Und wie er winkt mit dem Finger,
Auf tut sich der weite Zwinger,
Und hinein mit bedächtigem Schritt
Ein Löwe tritt
Und sieht sich stumm
Rings um,
Mit langem Gähnen,
Und schüttelt die Mähnen
Und streckt die Glieder
Und legt sich nieder.

Und der König winkt wieder;
Da öffnet sich behend
Ein zweites Tor,
Daraus rennt
Mit wildem Sprunge
Ein Tiger hervor.
Wie der den Löwen erschaut,
Brüllt er laut,
Schlägt mit dem Schweif
Einen furchtbaren Reif
Und recket die Zunge,
Und im Kreise scheu
Umgeht er den Leu,
Grimmig schnurrend,
Drauf streckt er sich murrend
Zur Seite nieder.

Und der König winkt wieder,
Da speit das doppelt geöffnete Haus
Zwei Leoparden auf einmal aus,
Die stürzen mit mutiger Kampfbegier
Auf das Tigertier;
Das packt sie mit seinen grimmigen Tatzen,
Und der Leu mit Gebrüll
Richtet sich auf – da wird's still.
Und herum im Kreis,
Von Mordsucht heiß,
Lagern sich die greulichen Katzen.

Da fällt von des Altans Rand
Ein Handschuh von schöner Hand
Zwischen den Tiger und den Leun
Mitten hinein.

Und zu Ritter Delorges spottender Weis'
Wendet sich Fräulein Kunigund:
„Herr Ritter, ist Eure Lieb so heiß,
Wie Ihr mir's schwört zu jeder Stund,
Ei, so hebt mir den Handschuh auf!"

Und der Ritter in schnellem Lauf
Steigt hinab in den furchtbarn Zwinger
Mit festem Schritte,
Und aus der Ungeheuer Mitte
Nimmt er den Handschuh mit keckem Finger.

Und mit Erstaunen und mit Grauen
Sehen's die Ritter und Edelfrauen.
Und gelassen bringt er den Handschuh zurück.
Da schallt ihm sein Lob aus jedem Munde;
Aber mit zärtlichem Liebesblick –
Er verheißt ihm sein nahes Glück –
Empfängt ihn Fräulein Kunigunde.
Und er wirft ihr den Handschuh ins Gesicht:
„Den Dank, Dame, begehr' ich nicht!"
Und verläßt sie zur selben Stunde.

*Johann Wolfgang von Goethe*

# Der Zauberlehrling

Hat der alte Hexenmeister
Sich doch einmal wegbegeben!
Und nun sollen seine Geister
Auch nach meinem Willen leben!
Seine Wort' und Werke
Merkt' ich und den Brauch,
Und mit Geistesstärke
Tu' ich Wunder auch.

    Walle! Walle
    Manche Strecke,
    Daß, zum Zwecke,
    Wasser fließe
    Und mit reichem, vollem Schwalle
    Zu dem Bade sich ergieße.

Und nun komm, du alter Besen!
Nimm die schlechten Lumpenhüllen!
Bist schon lange Knecht gewesen;
Nun erfülle meinen Willen!
Auf zwei Beinen stehe,
Oben sei ein Kopf,
Eile nun und gehe
Mit dem Wassertopf!

    Walle! Walle
    Manche Strecke,
    Daß, zum Zwecke,
    Wasser fließe
    Und mit reichem, vollem Schwalle
    Zu dem Bade sich ergieße.

Seht, er läuft zum Ufer nieder;
Wahrlich! ist schon an dem Flusse,
Und mit Blitzesschnelle wieder
Ist er hier mit raschem Gusse.
Schon zum zweiten Male!
Wie das Becken schwillt!
Wie sich jede Schale
Voll mit Wasser füllt!

    Stehe! Stehe!
    Denn wir haben
    Deiner Gaben
    Vollgemessen! –
    Ach, ich merk' es! Wehe! Wehe!
    Hab' ich doch das Wort vergessen!

Ach, das Wort, worauf am Ende
Er das wird, was er gewesen.
Ach, er läuft und bringt behende!
Wärst du doch der alte Besen!
Immer neue Güsse
Bringt er schnell herein,
Ach! und hundert Flüsse
Stürzen auf mich ein.

    Nein, nicht länger
    Kann ich's lassen;
    Will ihn fassen.
    Das ist Tücke!
    Ach! nun wird mir immer bänger!
    Welche Miene! Welche Blicke!

O, du Ausgeburt der Hölle!
Soll das ganze Haus ersaufen?
Seh' ich über jede Schwelle
Doch schon Wasserströme laufen.
Ein verruchter Besen,
Der nicht hören will!
Stock, der du gewesen,
Steh doch wieder still!

    Willst's am Ende
    Gar nicht lassen?
    Will dich fassen,
    Will dich halten,
    Und das alte Holz behende
    Mit dem scharfen Beile spalten.

Seht, da kommt er schleppend wieder!
Wie ich mich nun auf dich werfe,
Gleich, o Kobold, liegst du nieder;
Krachend trifft die glatte Schärfe!
Wahrlich, brav getroffen!
Seht, er ist entzwei!
Und nun kann ich hoffen,
Und ich atme frei!

    Wehe! Wehe!
    Beide Teile
    Stehn in Eile
    Schon als Knechte
    Völlig fertig in die Höhe!
    Helft mir, ach! ihr hohen Mächte!

Und sie laufen! Naß und nässer
Wird's im Saal und auf den Stufen.
Welch entsetzliches Gewässer!
Herr und Meister! Hör' mich rufen! –
Ach, da kommt der Meister!
Herr, die Not ist groß!
Die ich rief, die Geister,
Werd' ich nun nicht los.

„In die Ecke,
Besen! Besen!
Seid's gewesen!
Denn als Geister
Ruft euch nur, zu diesem Zwecke,
Erst hervor der alte Meister."

*August von Platen*

## Das Grab im Busento

Nächtlich am Busento lispeln, bei Cosenza, dumpfe Lieder,
Aus den Wassern schallt es Antwort, und in Wirbeln klingt es wider!

Und den Fluß hinauf, hinunter ziehn die Schatten tapfrer Goten,
Die den Alarich beweinen, ihres Volkes besten Toten.

Allzufrüh und fern der Heimat mußten hier sie ihn begraben,
Während noch die Jugendlocken seine Schulter blond umgaben.

Und am Ufer des Busento reihten sie sich um die Wette,
Um die Strömung abzuleiten, gruben sie ein frisches Bette.

In der wogenleeren Höhlung wühlten sie empor die Erde,
Senkten tief hinein den Leichnam, mit der Rüstung, auf dem Pferde.

Deckten dann mit Erde wieder ihn und seine stolze Habe,
Daß die hohen Stromgewächse wüchsen aus dem Heldengrabe.

Abgelenkt zum zweitenmale, ward der Fluß herbeigezogen:
Mächtig in ihr altes Bette schäumten die Busentowogen.

Und es sang ein Chor von Männern: „Schlaf in deinen Heldenehren!
Keines Römers schnöde Habsucht soll dir je dein Grab versehren!"

Sangen's, und die Lobgesänge tönten fort im Gotenheere;
Wälze sie, Busentowelle, wälze sie von Meer zu Meere!

*Heinrich Heine*

# Belsazar

Die Mitternacht zog näher schon;
In stummer Ruh lag Babylon.

Nur oben in des Königs Schloß,
Da flackert's, da lärmt des Königs Troß.

Dort oben in dem Königssaal
Belsazar hielt sein Königsmahl.

Die Knechte saßen in schimmernden Reihn
Und leerten die Becher mit funkelndem Wein.

Es klirrten die Becher, es jauchzten die Knecht;
So klang es dem störrigen Könige recht.

Des Königs Wangen leuchten Glut;
Im Wein erwuchs ihm kecker Mut.

Und blindlings reißt der Mut ihn fort;
Und er lästert die Gottheit mit sündigem Wort.

Und er brüstet sich frech und lästert wild;
Die Knechtenschar ihm Beifall brüllt.

Der König rief mit stolzem Blick;
Der Diener eilt und kehrt zurück.

Er trug viel gülden Gerät auf dem Haupt;
Das war aus dem Tempel Jehovahs geraubt.

Und der König ergriff mit frevler Hand
Einen heiligen Becher, gefüllt bis zum Rand.

Und er leert ihn hastig bis auf den Grund
Und rufet laut mit schäumendem Mund:

Jehovah! Dir künd' ich auf ewig Hohn –
Ich bin der König von Babylon!

Doch kaum das grause Wort verklang,
Dem König ward's heimlich im Busen bang.

Das gellende Lachen verstummte zumal;
Es wurde leichenstill im Saal.

Und sieh! Und sieh! An weißer Wand,
Da kam's hervor wie Menschenhand;

Und schrieb, und schrieb an weißer Wand
Buchstaben von Feuer, und schrieb und schwand.

Der König stieren Blicks da saß,
Mit schlotternden Knien und totenblaß.

Die Knechtenschar saß kalt durchgraut,
Und saß gar still, gab keinen Laut.

Die Magier kamen, doch keiner verstand
Zu deuten die Flammenschrift an der Wand.

Belsazar ward aber in selbiger Nacht
Von seinen Knechten umgebracht.


*Eduard Mörike*

## Der Feuerreiter

Sehet ihr am Fensterlein
Dort die rote Mütze wieder?
Nicht geheuer muß es sein,
Denn er geht schon auf und nieder.
Und auf einmal welch Gewühle
Bei der Brücke, nach dem Feld!
Horch! das Feuerglöcklein gellt:
    Hinterm Berg,
    Hinterm Berg
Brennt es in der Mühle!

Schaut! da sprengt er wütend schier
Durch das Tor, der Feuerreiter,
Auf dem rippendürren Tier,
Als auf einer Feuerleiter!
Querfeldein! Durch Qualm und Schwüle
Rennt er schon, und ist am Ort!
Drüben schallt es fort und fort:
    Hinterm Berg,
    Hinterm Berg
Brennt es in der Mühle!

Der so oft den roten Hahn
Meilenweit von fern gerochen,
Mit des heilgen Kreuzes Span
Freventlich die Glut besprochen —
Weh! dir grinst vom Dachgestühle
Dort der Feind im Höllenschein.
Gnade Gott der Seele dein!
   Hinterm Berg,
   Hinterm Berg
Ras't er in der Mühle!

Keine Stunde hielt es an,
Bis die Mühle borst in Trümmer;
Doch den kecken Reitersmann
Sah man von der Stunde nimmer.
Volk und Wagen im Gewühle
Kehren heim von all dem Graus;
Auch das Glöcklein klinget aus:
   Hinterm Berg,
   Hinterm Berg
Brennts! —

Nach der Zeit ein Müller fand
Ein Gerippe samt der Mützen
Aufrecht an der Kellerwand
Auf der beinern Mähre sitzen:
Feuerreiter, wie so kühle
Reitest du in deinem Grab!
Husch! da fällts in Asche ab.
   Ruhe wohl,
   Ruhe wohl
Drunten in der Mühle!

*Erich Kästner*

## Die Entwicklung der Menschheit

Einst haben die Kerls auf den Bäumen gehockt,
behaart und mit böser Visage.
Dann hat man sie aus dem Urwald gelockt
und die Welt asphaltiert und aufgestockt,
bis zur dreißigsten Etage.

Da saßen sie nun, den Flöhen entflohn,
in zentralgeheizten Räumen.
Da sitzen sie nun am Telefon.
Und es herrscht noch genau derselbe Ton
wie seinerzeit auf den Bäumen.

Sie hören weit. Sie sehen fern.
Sie sind mit dem Weltall in Fühlung.
Sie putzen die Zähne. Sie atmen modern.
Die Erde ist ein gebildeter Stern
mit sehr viel Wasserspülung.

Sie schießen die Briefschaften durch ein Rohr.
Sie jagen und züchten Mikroben
Sie versehn die Natur mit allem Komfort.
Sie fliegen steil in den Himmel empor
und bleiben zwei Wochen oben.

Was ihre Verdauung übrigläßt,
das verarbeiten sie zu Watte.
Sie spalten Atome. Sie heilen Inzest.
Und sie stellen durch Stiluntersuchungen fest,
daß Cäsar Plattfüße hatte.

So haben sie mit dem Kopf und dem Mund
den Fortschritt der Menschheit geschaffen.
Doch davon mal abgesehen und
bei Lichte betrachtet, sind sie im Grund
noch immer die alten Affen.

*Wilhelm Busch*

# Bewaffneter Friede

Ganz unverhofft an einem Hügel
Sind sich begegnet Fuchs und Igel.
Halt, rief der Fuchs, du Bösewicht!
Kennst du des Königs Order nicht?
Ist nicht der Friede längst verkündigt,
Und weißt du nicht, daß jeder sündigt,
Der immer noch gerüstet geht?
Im Namen seiner Majestät
Geh her und übergib dein Fell.
Der Igel sprach: Nur nicht so schnell.
Laß dir erst deine Zähne brechen,
Dann wollen wir uns weiter sprechen!
Und allsogleich macht er sich rund,
Schließt seinen dichten Stachelbund
Und trotzt getrost der ganzen Welt
Bewaffnet, doch als Friedensheld.

Henri Rousseau (1844–1910): Karnevalsabend

# Jahrgangsstufe 8

*Clemens Brentano*

## [Abendständchen]

*FABIOLA:*
Hör', es klagt die Flöte wieder,
Und die kühlen Brunnen rauschen.

*PIAST:*
Golden wehn die Töne nieder,
Stille, stille, laß uns lauschen!

*FABIOLA:*
Holdes Bitten, mild Verlangen,
Wie es süß zum Herzen spricht!

*PIAST:*
Durch die Nacht, die mich umfangen,
Blickt zu mir der Töne Licht.




*Joseph von Eichendorff*

## Mondnacht

Es war, als hätt der Himmel
Die Erde still geküßt,
Daß sie im Blütenschimmer
Von ihm nun träumen müßt.

Die Luft ging durch die Felder,
Die Ähren wogten sacht,
Es rauschten leis die Wälder,
So sternklar war die Nacht.

Und meine Seele spannte
Weit ihre Flügel aus,
Flog durch die stillen Lande,
Als flöge sie nach Haus.

*Christian Knorr von Rosenroth*

## Morgenandacht

Morgenglanz der Ewigkeit,
Licht vom unerschöpften Lichte,
Schick uns diese Morgenzeit
Deine Strahlen zu Gesichte
Und vertreib durch deine Macht
Unsre Nacht.

Deiner Güte Morgentau
Fall auf unser matt Gewissen:
Laß die dürre Lebens-Au
Lauter süßen Trost genießen
Und erquick uns, deine Schar,
Immerdar.

Gib, daß deiner Liebe Glut
Unsre kalten Werke töte
Und erweck uns Herz und Mut
Bei entstandner Morgenröte,
Daß wir, eh wir gar vergehn,
Recht aufstehn.

Leucht uns selbst in jener Welt,
Du verklärte Gnadensonne;
Führ uns durch das Tränenfeld
In das Land der süßen Wonne,
Da die Lust, die uns erhöht,
Nie vergeht.

*Hermann Hesse*

## Im Nebel

Seltsam, im Nebel zu wandern!
Einsam ist jeder Busch und Stein,
Kein Baum sieht den andern,
Jeder ist allein.

Voll von Freunden war mir die Welt,
Als noch mein Leben licht war;
Nun, da der Nebel fällt,
Ist keiner mehr sichtbar.

Wahrlich, keiner ist weise,
Der nicht das Dunkel kennt,
Das unentrinnbar und leise
Von allen ihn trennt.

Seltsam, im Nebel zu wandern!
Leben ist Einsamsein.
Kein Mensch kennt den andern,
Jeder ist allein.

*Hugo von Hofmannsthal*

## Vorfrühling

Es läuft der Frühlingswind
Durch kahle Alleen,
Seltsame Dinge sind
In seinem Wehn.

Er hat sich gewiegt,
Wo Weinen war,
Und hat sich geschmiegt
In zerrüttetes Haar.

Er schüttelte nieder
Akazienblüten
Und kühlte die Glieder,
Die atmend glühten.

Lippen im Lachen
Hat er berührt,
Die weichen und wachen
Fluren durchspürt.

Er glitt durch die Flöte
Als schluchzender Schrei,
An dämmernder Röte
Flog er vorbei.

Er flog mit Schweigen
Durch flüsternde Zimmer
Und löschte im Neigen
Der Ampel Schimmer.

Es läuft der Frühlingswind
Durch kahle Alleen,
Seltsame Dinge sind
In seinem Wehn.

Durch die glatten
Kahlen Alleen
Treibt sein Wehn
Blasse Schatten.

Und den Duft,
Den er gebracht,
Von wo er gekommen
Seit gestern nacht.

*Paul Gerhardt*

# Geh aus mein Herz (Sommergesang)

Geh aus, mein Herz, und suche Freud
in dieser lieben Sommerzeit
an deines Gottes Gaben;
schau an der schönen Gärten Zier,
und siehe, wie sie mir und dir
sich ausgeschmücket haben.

Die Bäume stehen voller Laub,
das Erdreich decket seinen Staub
mit einem grünen Kleide;
Narzissus und die Tulipan,
die ziehen sich viel schöner an
als Salomonis Seide.

Die Lerche schwingt sich in die Luft,
das Täublein fleugt aus seiner Kluft
und macht sich in die Wälder;
die hochbegabte Nachtigall
ergötzt und füllt mit ihrem Schall
Berg, Hügel, Tal und Felder.

Die Glucke führt ihr Völklein aus,
der Storch baut und bewohnt sein Haus,
das Schwälblein speist die Jungen;
der schnelle Hirsch, das leichte Reh
ist froh und kommt aus seiner Höh
ins tiefe Gras gesprungen.

Die Bächlein rauschen in dem Sand
und malen sich und ihren Rand
mit schattenreichen Myrthen;
die Wiesen liegen hart dabei
und klingen ganz vom Lustgeschrei
der Schaf und ihrer Hirten.

Die unverdroßne Bienenschar
fleugt hin und her, sucht hie und dar
ihr edle Honigspeise.
Des süßen Weinstocks starker Saft
bringt täglich neue Stärk' und Kraft
in seinem schwachen Reise.

Der Weizen wächset mit Gewalt,
darüber jauchzet Jung und Alt
und rühmt die große Güte
des, der so überflüssig labt
und mit so manchem Gut begabt
das menschliche Gemüte.

Ich selbsten kann und mag nicht ruhn;
des großen Gottes großes Tun
erweckt mir alle Sinnen;
ich singe mit, wenn alles singt,
und lasse, was dem Höchsten klingt,
aus meinem Herzen rinnen.

*Rainer Maria Rilke*

## Das Karussell

*Jardin du Luxembourg*

Mit einem Dach und seinem Schatten dreht
sich eine kleine Weile der Bestand
von bunten Pferden, alle aus dem Land,
das lange zögert, eh es untergeht.
Zwar manche sind an Wagen angespannt,
doch alle haben Mut in ihren Mienen;
ein böser roter Löwe geht mit ihnen
und dann und wann ein weißer Elefant.

Sogar ein Hirsch ist da, ganz wie im Wald,
nur daß er einen Sattel trägt und drüber
ein kleines blaues Mädchen aufgeschnallt.

Und auf dem Löwen reitet weiß ein Junge
und hält sich mit der kleinen heißen Hand,
dieweil der Löwe Zähne zeigt und Zunge.

Und dann und wann ein weißer Elefant.

Und auf den Pferden kommen sie vorüber,
auch Mädchen, helle, diesem Pferdesprunge
fast schon entwachsen; mitten in dem Schwunge
schauen sie auf, irgendwohin, herüber –

Und dann und wann ein weißer Elefant.

Und das geht hin und eilt sich, daß es endet,
und kreist und dreht sich nur und hat kein Ziel.
Ein Rot, ein Grün, ein Grau vorbeigesendet,
ein kleines kaum begonnenes Profil –.
Und manchesmal ein Lächeln, hergewendet,
ein seliges, das blendet und verschwendet
an dieses atemlose blinde Spiel ...

*Kurt Tucholsky*

## Augen in der Großstadt

Wenn du zur Arbeit gehst
am frühen Morgen,
wenn du am Bahnhof stehst
mit deinen Sorgen:
    da zeigt die Stadt
    dir asphaltglatt
   im Menschentrichter
   Millionen Gesichter:
Zwei fremde Augen, ein kurzer Blick,
die Braue, Pupillen, die Lider –
Was war das? vielleicht dein Lebensglück ...
vorbei, verweht, nie wieder.

Du gehst dein Leben lang
auf tausend Straßen;
du siehst auf deinem Gang,
die dich vergaßen.
    Ein Auge winkt,
    die Seele klingt;
   du hasts gefunden,
   nur für Sekunden ...
Zwei fremde Augen, ein kurzer Blick,
die Braue, Pupillen, die Lider;
Was war das? kein Mensch dreht die Zeit zurück ...
Vorbei, verweht, nie wieder.

Du mußt auf deinem Gang
durch Städte wandern;
siehst einen Pulsschlag lang
den fremden Andern.
    Es kann ein Feind sein,
    es kann ein Freund sein,
    es kann im Kampfe dein
    Genosse sein.
   Es sieht hinüber
   und zieht vorüber ...
Zwei fremde Augen, ein kurzer Blick,
die Braue, Pupillen, die Lider.
Was war das? .
    Von der großen Menschheit ein Stück!
Vorbei, verweht, nie wieder.

*Walther von der Vogelweide*

# Ich saz ûf eime steine

Ich saz ûf eime steine
und dahte bein mit beine[1].
dar ûf satzt[2] ich den ellenbogen.
ich hete[3] in mîne hant gesmogen[4]
daz kinne und ein mîn wange.
dô dâhte[5] ich mir vil ange[6],
wie man zer welte[7] solte leben.
deheinen[8] rât kond ich gegeben[9],
wie man driu dinc erwurbe[10],
der keinez niht verdurbe[11].
diu zwei sint êre und varnde guot[12],
daz dicke[13] ein ander schaden tuot:
daz dritte ist gotes hulde[14],
der zweier übergulde[15].
diu wolte ich gerne in einen schrîn[16]:
jâ leider desn mac niht gesîn,
daz guot und weltlich êre
und gotes hulde mêre[17]
zesamene in ein herze komen.
stîg unde wege sint in benomen[18]:
untriuwe ist in der sâze[19],
gewalt vert[20] ûf der strâze,
fride unde reht sint sêre wunt,
diu driu enhabent geleites niht[21], diu zwei enwerden ê gesunt[22].

---

1) schlug ein Bein über das andere  2) setzte, stützte  3) hatte  4) geschmiegt  5) überlegte  6) sehr sorgfältig, eindringlich  7) auf Erden  8) keinen  9) geben  10) drei Dinge erwürbe  11) so daß keines davon verdürbe  12) vergänglicher Besitz  13) oft  14) Huld, Gnade  15) die beide übertrifft  16) Schrein, Kasten, Behältnis  17) dazu  18) Weg und Steg sind ihnen verbaut (genommen)  19) Verrat (Untreue) lauert im Hinterhalt  20) zieht  21) haben keine Sicherheit (Geleit)  22) bevor die zwei nicht gesunden

*Matthias Claudius*

## Kriegslied

's ist Krieg! 's ist Krieg! O Gottes Engel wehre,
    Und rede Du darein!
's ist leider Krieg – und ich begehre
    Nicht schuld daran zu sein!

Was sollt' ich machen, wenn im Schlaf mit Grämen
    Und blutig, bleich und blaß,
Die Geister der Erschlagnen zu mir kämen,
    Und vor mir weinten, was?

Wenn wackre Männer, die sich Ehre suchten,
    Verstümmelt und halb tot
Im Staub sich vor mir wälzten und mir fluchten
    In ihrer Todesnot?

Wenn tausend tausend Väter, Mütter, Bräute,
    So glücklich vor dem Krieg,
Nun alle elend, alle arme Leute,
    Wehklagten über mich?

Wenn Hunger, böse Seuch' und ihre Nöten
    Freund, Freund und Feind ins Grab
Versammleten, und mir zu Ehren krähten
    Von einer Leich' herab?

Was hülf' mir Kron' und Land und Gold und Ehre?
    Die könnten mich nicht freun!
's ist leider Krieg – und ich begehre
    Nicht schuld daran zu sein!


*Alter Volksspruch*

## Ich kam, weiß nicht woher

Ich kam, weiß nicht woher,
Ich bin und weiß nicht wer,
Ich leb, weiß nicht wie lang,
Ich sterb und weiß nicht wann,
Ich fahr, weiß nicht wohin,
Mich wunderts, daß ich so fröhlich bin.

*Wilhelm Lehmann*

## An meinen ältesten Sohn

Die Winterlinde, die Sommerlinde
Blühen getrennt –
In der Zwischenzeit, mein lieber Sohn,
Geht der Gesang zu End.

Die Schwalbenwurz zieht den Kalk aus dem Hügel
Mit weißen Zehn,
Ich kann es unter der Erde
Im Dunkeln sehn.

Ein Regen fleckt die grauen Steine –
Der letzte Ton
Fehlt dem Goldammermännchen zum Liede.
Sing du ihn, Sohn.

*Annette von Droste-Hülshoff*

## Der Knabe im Moor

O schaurig ist's, übers Moor zu gehn,
Wenn es wimmelt vom Heiderauche,
Sich wie Phantome die Dünste drehn
Und die Ranke häkelt am Strauche,
Unter jedem Tritte ein Quellchen springt,
Wenn aus der Spalte es zischt und singt,
O schaurig ist's, übers Moor zu gehn,
Wenn das Röhricht knistert im Hauche!

Fest hält die Fibel das zitternde Kind
Und rennt, als ob man es jage;
Hohl über die Fläche sauset der Wind –
Was raschelt drüben am Hage?
Das ist der gespenstische Gräberknecht,
Der dem Meister die besten Torfe verzecht;
Hu, hu, es bricht wie ein irres Rind!
Hinducket das Knäblein zage.

Vom Ufer starret Gestumpf hervor,
Unheimlich nicket die Föhre,
Der Knabe rennt, gespannt das Ohr,
Durch Riesenhalme wie Speere;
Und wie es rieselt und knittert drin!
Das ist die unselige Spinnerin,
Das ist die gebannte Spinnenlenor,
Die den Haspel dreht im Geröhre!

Voran, voran! nur immer im Lauf,
Voran, als woll es ihn holen!
Vor seinem Fuße brodelt es auf,
Es pfeift ihm unter den Sohlen
Wie eine gespenstige Melodei;
Das ist der Geigenmann ungetreu,
Das ist der diebische Fiedler Knauf,
Der den Hochzeitheller gestohlen!

Da birst das Moor, ein Seufzer geht
Hervor aus der klaffenden Höhle;
Weh, weh, da ruft die verdammte Margret:
„Ho, ho, meine arme Seele!"
Der Knabe springt wie ein wundes Reh;
Wär nicht Schutzengel in seiner Näh,
Seine bleichenden Knöchelchen fände spät
Ein Gräber im Moorgeschwele.

Da mählich gründet der Boden sich,
Und drüben, neben der Weide,
Die Lampe flimmert so heimatlich,
Der Knabe steht an der Scheide.
Tief atmet er auf, zum Moore zurück
Noch immer wirft er den scheuen Blick:
Ja, im Geröhre war's fürchterlich,
O schaurig war's in der Heide!

*Friedrich von Schiller*

# Die Bürgschaft

Zu Dionys, dem Tyrannen, schlich
Damon, den Dolch im Gewande;
Ihn schlugen die Häscher in Bande.
„Was wolltest du mit dem Dolche, sprich!"
Entgegnet ihm finster der Wüterich.
„Die Stadt vom Tyrannen befreien!"
„Das sollst du am Kreuze bereuen."

„Ich bin", spricht jener, „zu sterben bereit
Und bitte nicht um mein Leben,
Doch willst du Gnade mir geben,
Ich flehe dich um drei Tage Zeit,
Bis ich die Schwester dem Gatten gefreit,
Ich lasse den Freund dir als Bürgen,
Ihn magst du, entrinn' ich, erwürgen."

Da lächelt der König mit arger List
Und spricht nach kurzem Bedenken:
„Drei Tage will ich dir schenken.
Doch wisse! Wenn sie verstrichen, die Frist,
Eh' du zurück mir gegeben bist,
So muß er statt deiner erblassen,
Doch dir ist die Strafe erlassen."

Und er kommt zum Freunde: „Der König gebeut,
Daß ich am Kreuz mit dem Leben
Bezahle das frevelnde Streben,
Doch will er mir gönnen drei Tage Zeit,
Bis ich die Schwester dem Gatten gefreit,
So bleib du dem König zum Pfande,
Bis ich komme, zu lösen die Bande."

Und schweigend umarmt ihn der treue Freund
Und liefert sich aus dem Tyrannen,
Der andere ziehet von dannen.
Und ehe das dritte Morgenrot scheint,
Hat er schnell mit dem Gatten die Schwester vereint,
Eilt heim mit sorgender Seele,
Damit er die Frist nicht verfehle.

Da gießt unendlicher Regen herab,
Von den Bergen stürzen die Quellen,
Und die Bäche, die Ströme schwellen.
Und er kommt ans Ufer mit wanderndem Stab,
Da reißet die Brücke der Strudel hinab,
Und donnernd sprengen die Wogen
Des Gewölbes krachenden Bogen.

Und trostlos irrt er an Ufers Rand,
Wie weit er auch spähet und blicket
Und die Stimme, die rufende, schicket,
Da stößet kein Nachen vom sichern Strand,
Der ihn setze an das gewünschte Land,
Kein Schiffer lenket die Fähre,
Und der wilde Strom wird zum Meere.

Da sinkt er ans Ufer und weint und fleht,
Die Hände zum Zeus erhoben:
„O hemme des Stromes Toben!
Es eilen die Stunden, im Mittag steht
Die Sonne, und wenn sie niedergeht
Und ich kann die Stadt nicht erreichen,
So muß der Freund mir erbleichen."

Doch wachsend erneut sich des Stromes Wut,
Und Welle auf Welle zerrinnet,
Und Stunde an Stunde entrinnet.
Da treibt ihn die Angst, da faßt er sich Mut
Und wirft sich hinein in die brausende Flut
Und teilt mit gewaltigen Armen
Den Strom, und ein Gott hat Erbarmen.

Und gewinnt das Ufer und eilet fort
Und danket dem rettenden Gotte,
Da stürzet die raubende Rotte
Hervor aus des Waldes nächtlichem Ort,
Den Pfad ihm sperrend, und schnaubet Mord
Und hemmet des Wanderers Eile
Mit drohend geschwungener Keule.

„Was wollt ihr?" ruft er für Schrecken bleich,
„Ich habe nichts als mein Leben,
Das muß ich dem Könige geben!"
Und entreißt die Keule dem nächsten gleich:
„Um des Freundes willen erbarmet euch!"
Und drei mit gewaltigen Streichen
Erlegt er, die andern entweichen.

Und die Sonne versendet glühenden Brand,
Und von der unendlichen Mühe
Ermattet sinken die Kniee.
„O hast du mich gnädig aus Räubershand,
Aus dem Strom mich gerettet ans heilige Land,
Und soll hier verschmachtend verderben,
Und der Freund mir, der liebende, sterben!"

Und horch! da sprudelt es silberhell,
Ganz nahe, wie rieselndes Rauschen,
Und stille hält er zu lauschen,
Und sieh, aus dem Felsen, geschwätzig, schnell,
Springt murmelnd hervor ein lebendiger Quell,
Und freudig bückt er sich nieder
Und erfrischet die brennenden Glieder.

Und die Sonne blickt durch der Zweige Grün
Und malt auf den glänzenden Matten
Der Bäume gigantische Schatten;
Und zwei Wanderer sieht er die Straße ziehn,
Will eilenden Laufes vorüberfliehn,
Da hört er die Worte sie sagen:
„Jetzt wird er ans Kreuz geschlagen."

Und die Angst beflügelt den eilenden Fuß,
Ihn jagen der Sorge Qualen,
Da schimmern in Abendrots Strahlen
Von ferne die Zinnen von Syrakus,
Und entgegen kommt ihm Philostratus,
Des Hauses redlicher Hüter,
Der erkennet entsetzt den Gebieter:

„Zurück! du rettest den Freund nicht mehr,
So rette das eigene Leben!
Den Tod erleidet er eben.
Von Stunde zu Stunde gewartet' er
Mit hoffender Seele der Wiederkehr,
Ihm konnte den mutigen Glauben
Der Hohn des Tyrannen nicht rauben."

„Und ist es zu spät, und kann ich ihm nicht
Ein Retter willkommen erscheinen,
So soll mich der Tod ihm vereinen.
Des rühme der blutge Tyrann sich nicht,
Daß der Freund dem Freunde gebrochen die Pflicht,
Er schlachte der Opfer zweie
Und glaube an Liebe und Treue."

Und die Sonne geht unter, da steht er am Tor
Und sieht das Kreuz schon erhöhet,
Das die Menge gaffend umstehet,
An dem Seile schon zieht man den Freund empor,
Da zertrennt er gewaltig den dichten Chor:
„Mich, Henker", ruft er, „erwürget!
Da bin ich, für den er gebürget!"

Und Erstaunen ergreift das Volk umher,
In den Armen liegen sich beide
Und weinen vor Schmerzen und Freude.
Da sieht man kein Auge tränenleer,
Und zum Könige bringt man die Wundermär,
Der fühlt ein menschliches Rühren,
Läßt schnell vor den Thron sie führen.

Und blicket sie lange verwundert an.
Drauf spricht er: „Es ist euch gelungen,
Ihr habt das Herz mir bezwungen,
Und die Treue, sie ist doch kein leerer Wahn,
So nehmet auch mich zum Genossen an,
Ich sei, gewährt mir die Bitte,
In eurem Bunde der Dritte."

*Theodor Fontane*
# Die Brück' am Tay

(28. Dezember 1879)

*When shall we three meet again?*
  *Macbeth*

„Wann treffen wir drei wieder zusamm?"
  „Um die siebente Stund', am Brückendamm."
    „Am Mittelpfeiler."
      „Ich lösche die Flamm."
„Ich mit."

    „Ich komme vom Norden her."
„Und ich vom Süden."
      „Und ich vom Meer."

„Hei, das gibt einen Ringelreihn,
Und die Brücke muß in den Grund hinein."

„Und der Zug, der in die Brücke tritt
Um die siebente Stund'?"
          „Ei, der muß mit."
„Muß mit."

    „Tand, Tand
Ist das Gebilde von Menschenhand!"

\*

Auf der *Norder*seite, das Brückenhaus –
Alle Fenster sehen nach Süden aus,
Und die Brücknersleut' ohne Rast und Ruh
Und in Bangen sehen nach Süden zu,
Sehen und warten, ob nicht ein Licht
Übers Wasser hin „Ich komme" spricht,
„Ich komme, trotz Nacht und Sturmesflug,
*Ich*, der Edinburger Zug."

Und der Brückner jetzt: „Ich seh' einen Schein
Am anderen Ufer. Das muß er sein.
Nun, Mutter, weg mit dem bangen Traum,
Unser Johnie kommt und will seinen Baum,
Und was noch am Baume von Lichtern ist,
Zünd' alles an wie zum heiligen Christ,
Der will heuer *zweimal* mit uns sein, –
Und in elf Minuten ist er herein."

\*

Und es war der Zug. Am *Süder*turm
Keucht er vorbei jetzt gegen den Sturm,
Und Johnie spricht: „Die Brücke noch!
Aber was tut es, wir zwingen es doch.
Ein fester Kessel, ein doppelter Dampf,
Die bleiben Sieger in solchem Kampf.
Und wie's auch rast und ringt und rennt,
Wir kriegen es unter, das Element.

Und unser Stolz ist unsre Brück';
Ich lache, denk' ich an früher zurück,
An all den Jammer und all die Not
Mit dem elend alten Schifferboot;
Wie manche liebe Christfestnacht
Hab' ich im Fährhaus zugebracht
Und sah unsrer Fenster lichten Schein
Und zählte und konnte nicht drüben sein."

Auf der Norderseite, das Brückenhaus –
Alle Fenster sehen nach Süden aus,
Und die Brücknersleut' ohne Rast und Ruh
Und in Bangen sehen nach Süden zu;
Denn wütender wurde der Winde Spiel,
Und jetzt, als ob Feuer vom Himmel fiel',
Erglüht es in niederschießender Pracht
Überm Wasser unten ... Und wieder ist Nacht.

\*

„Wann treffen wir drei wieder zusamm?"
　„Um Mitternacht, am Bergeskamm."
　　„Auf dem hohen Moor, am Erlenstamm."

„Ich komme."
　　„Ich mit."
　　　　„Ich nenn' euch die Zahl."
„Und ich die Namen."
　　　　„Und ich die Qual."
„Hei!
　Wie Splitter brach das Gebälk entzwei."

　　　　　　„Tand, Tand
Ist das Gebilde von Menschenhand."

*Georg Heym*

# Columbus

12. Oktober 1492

Nicht mehr die Salzluft, nicht die öden Meere,
Drauf Winde stürmen hin mit schwarzem Schall.
Nicht mehr der großen Horizonte Leere,
Draus langsam kroch des runden Mondes Ball.

Schon fliegen große Vögel auf den Wassern
Mit wunderbarem Fittich blau beschwingt.
Und weiße Riesenschwäne mit dem blassern
Gefieder sanft, das süß wie Harfen klingt.

Schon tauchen andre Sterne auf in Chören,
Die stumm wie Fische an dem Himmel ziehn.
Die müden Schiffer schlafen, die betören
Die Winde, schwer von brennendem Jasmin.

Am Bugspriet vorne träumt der Genueser
In Nacht hinaus, wo ihm zu Füßen blähn
Im grünen Wasser Blumen, dünn wie Gläser,
Und tief im Grund die weißen Orchideen.

Im Nachtgewölke spiegeln große Städte,
Fern, weit, in goldnen Himmeln wolkenlos,
Und wie ein Traum versunkner Abendröte
Die goldnen Tempeldächer Mexikos.

Das Wolkenspiel versinkt im Meer. Doch ferne
Zittert ein Licht im Wasser weiß empor.
Ein kleines Feuer, zart gleich einem Sterne.
Dort schlummert noch in Frieden Salvador.

Marc Chagall (1887–1985): Ich und mein Dorf

# Jahrgangsstufe 9

*Georg Trakl*

# Die schöne Stadt

Alte Plätze sonnig schweigen.
Tief in Blau und Gold versponnen
traumhaft hasten sanfte Nonnen
unter schwüler Buchen Schweigen.

Aus den braun erhellten Kirchen
schaun des Todes reine Bilder,
großer Fürsten schöne Schilder.
Kronen schimmern in den Kirchen.

Rösser tauchen aus dem Brunnen.
Blütenkrallen drohn aus Bäumen.
Knaben spielen wirr von Träumen
abends leise dort am Brunnen.

Mädchen stehen an den Toren,
schauen scheu ins farbige Leben.
Ihre feuchten Lippen beben
und sie warten an den Toren.

Zitternd flattern Glockenklänge,
Marschtakt hallt und Wacherufen.
Fremde lauschen auf den Stufen.
Hoch im Blau sind Orgelklänge.

Helle Instrumente singen.
Durch der Gärten Blätterrahmen
schwirrt das Lachen schöner Damen.
Leise junge Mütter singen.

Heimlich haucht an blumigen Fenstern
Duft von Weihrauch, Teer und Flieder.
Silbern flimmern müde Lider
durch die Blumen an den Fenstern.

*Conrad Ferdinand Meyer*

## Der römische Brunnen

Aufsteigt der Strahl, und fallend gießt
er voll der Marmorschale Rund,
die, sich verschleiernd, überfließt
in einer zweiten Schale Grund;
die zweite gibt, sie wird zu reich,
der dritten wallend ihre Flut,
und jede nimmt und gibt zugleich
und strömt und ruht.


*Günter Eich*

## Pfaffenhut

Oktober tötet.
Oh Blumenblut!
Den Waldsaum rötet
der Pfaffenhut.

Es reißen die Pfeile
des Sonnenlichts
Blume wie Stunden
ins blaue Nichts.

Der Mond, das Messer,
von Tränen geätzt,
am Stein der Leiden
zur Schärfe gewetzt,

so noch am Tage
zielt er auf mich.
Die wuchernde Schrift
der Ranken erblich.

Den flammenden Wunden
entfließt kein Blut.
Es glüht unterm Pfeile
der Pfaffenhut.

*Johann Wolfgang von Goethe*

# Mailied

Wie herrlich leuchtet
Mir die Natur!
Wie glänzt die Sonne!
Wie lacht die Flur!

Es dringen Blüten
Aus jedem Zweig
Und tausend Stimmen
Aus dem Gesträuch

Und Freud und Wonne
Aus jeder Brust.
O Erd, o Sonne!
O Glück, o Lust!

O Lieb, o Liebe!
So golden schön,
Wie Morgenwolken
Auf jenen Höhn!

Du segnest herrlich
Das frische Feld,
Im Blütendampfe
Die volle Welt.

O Mädchen, Mädchen,
Wie lieb ich dich!
Wie blickt dein Auge!
Wie liebst du mich!

So liebt die Lerche
Gesang und Luft,
Und Morgenblumen
Den Himmelsduft,

Wie ich dich liebe
Mit warmem Blut,
Die du mir Jugend
Und Freud und Mut

Zu neuen Liedern
Und Tänzen gibst.
Sei ewig glücklich,
Wie du mich liebst!

*Joseph von Eichendorff*

# Sehnsucht

Es schienen so golden die Sterne,
Am Fenster ich einsam stand
Und hörte aus weiter Ferne
Ein Posthorn im stillen Land.
Das Herz mir im Leib entbrennte,
Da hab ich mir heimlich gedacht:
Ach, wer da mitreisen könnte
In der prächtigen Sommernacht!

Zwei junge Gesellen gingen
Vorüber am Bergeshang,
Ich hörte im Wandern sie singen
Die stille Gegend entlang:
Von schwindelnden Felsenschlüften,
Wo die Wälder rauschen so sacht,
Von Quellen, die von den Klüften
Sich stürzen in die Waldesnacht.

Sie sangen von Marmorbildern,
Von Gärten, die überm Gestein
In dämmernden Lauben verwildern,
Palästen im Mondenschein,
Wo die Mädchen am Fenster lauschen,
Wann der Lauten Klang erwacht
Und die Brunnen verschlafen rauschen
In der prächtigen Sommernacht. –

*Gottfried Benn*

# Reisen

Meinen Sie Zürich zum Beispiel
sei eine tiefere Stadt,
wo man Wunder und Weihen
immer als Inhalt hat?

Meinen Sie, aus Habana,
weiß und hibiskusrot,
bräche ein ewiges Manna
für Ihre Wüstennot?

Bahnhofstraßen und Ruen,
Boulevards, Lidos, Laan –
selbst auf den Fifth Avenuen
fällt Sie die Leere an –

Ach, vergeblich das Fahren!
Spät erst erfahren Sie sich:
bleiben und stille bewahren
das sich umgrenzende Ich.

*Heinz Piontek*

## Die Furt

Schlinggewächs legt sich um Wade und Knie,
Dort ist die seichteste Stelle.
Wolken im Wasser, wie nahe sind sie!
Zögernder lispelt die Welle.

Waten und spähen – die Strömung bespült
Höher hinauf mir den Schenkel.
Nie hab ich so meinen Herzschlag gefühlt.
Sirrendes Mückengeplänkel.

Kaulquappenrudel zerstieben erschreckt,
Grundgeröll unter den Zehen.
Wie hier die Luft nach Verwesendem schmeckt!
Flutlichter kommen und gehen.

Endlose Furt, durch die Fährnis gelegt –
Werd ich das Ufer gewinnen?
Strauchelnd und zaudernd, vom Springfisch erregt,
Such ich der Angst zu entrinnen.


*Reiner Kunze*

## Sensible Wege

Sensibel
ist die erde über den quellen: kein baum darf
gefällt, keine wurzel
gerodet werden

Die quellen könnten
versiegen

Wie viele bäume werden
gefällt, wie viele wurzeln
gerodet

in uns

*Johann Wolfgang von Goethe*

# Willkommen und Abschied

Es schlug mein Herz, geschwind zu Pferde:
Es war getan fast eh' gedacht.
Der Abend wiegte schon die Erde,
Und an den Bergen hing die Nacht;
Schon stand im Nebelkleid die Eiche,
Ein aufgetürmter Riese, da,
Wo Finsternis aus dem Gesträuche
Mit hundert schwarzen Augen sah.

Der Mond von einem Wolkenhügel
Sah kläglich aus dem Duft hervor,
Die Winde schwangen leise Flügel,
Umsausten schauerlich mein Ohr;
Die Nacht schuf tausend Ungeheuer,
Doch frisch und fröhlich war mein Mut:
In meinen Adern welches Feuer!
In meinem Herzen welche Glut!

Dich sah ich, und die milde Freude
Floß von dem süßen Blick auf mich;
Ganz war mein Herz an deiner Seite
Und jeder Atemzug für dich.
Ein rosenfarbnes Frühlingswetter
Umgab das liebliche Gesicht,
Und Zärtlichkeit für mich – ihr Götter!
Ich hofft' es, ich verdient' es nicht!

Doch ach, schon mit der Morgensonne
Verengt der Abschied mir das Herz:
In deinen Küssen welche Wonne!
In deinem Auge welcher Schmerz!
Ich ging, du standst und sahst zur Erden
Und sahst mir nach mit nassem Blick:
Und doch, welch Glück, geliebt zu werden!
Und lieben, Götter, welch ein Glück!

*Heinrich Heine*

# Ich weiß nicht, was soll es bedeuten

Ich weiß nicht was soll es bedeuten,
Daß ich so traurig bin;
Ein Märchen aus alten Zeiten,
Das kommt mir nicht aus dem Sinn.

Die Luft ist kühl und es dunkelt,
Und ruhig fließt der Rhein;
Der Gipfel des Berges funkelt
Im Abendsonnenschein.

Die schönste Jungfrau sitzet
Dort oben wunderbar;
Ihr goldnes Geschmeide blitzet,
Sie kämmt ihr goldenes Haar.

Sie kämmt es mit goldenem Kamme
Und singt ein Lied dabei;
Das hat eine wundersame,
Gewaltige Melodei.

Den Schiffer im kleinen Schiffe
Ergreift es mit wildem Weh;
Er schaut nicht die Felsenriffe,
Er schaut nur hinauf in die Höh.

Ich glaube, die Wellen verschlingen
Am Ende Schiffer und Kahn;
Und das hat mit ihrem Singen
Die Lore-Ley getan.

*Andreas Gryphius*

## Es ist alles eitel

Du siehst, wohin du siehst, nur Eitelkeit auf Erden.
Was dieser heute baut, reißt jener morgen ein;
Wo itzund Städte stehn, wird eine Wiese sein,
Auf der ein Schäferskind wird spielen mit den Herden.

Was itzund prächtig blüht, soll bald zertreten werden;
Was itzt so pocht und trotzt, ist morgen Asch und Bein;
Nichts ist, das ewig sei, kein Erz, kein Marmorstein.
Jetzt lacht das Glück uns an, bald donnern die Beschwerden.

Der hohen Taten Ruhm muß wie ein Traum vergehn.
Soll denn das Spiel der Zeit, der leichte Mensch, bestehn?
Ach, was ist alles dies, was wir für köstlich achten,

Als schlechte Nichtigkeit, als Schatten, Staub und Wind,
Als eine Wiesenblum, die man nicht wieder findt!
Noch will, was ewig ist, kein einig Mensch betrachten.


*Christian Hofmann von Hofmannswaldau*

## Die Welt

Was ist die Welt und ihr berühmtes Glänzen?
Was ist die Welt und ihre ganze Pracht?
Ein schnöder Schein in kurzgefaßten Grenzen,
Ein schneller Blitz bei schwarzgewölkter Nacht,
Ein buntes Feld, da Kummerdisteln grünen,
Ein schön Spital, so voller Krankheit steckt,
Ein Sklavenhaus, da alle Menschen dienen,
Ein faules Grab, so Alabaster deckt.
Das ist der Grund, darauf wir Menschen bauen
Und was das Fleisch für einen Abgott hält.
Komm, Seele, komm und lerne weiter schauen,
Als sich erstreckt der Zirkel dieser Welt!
Streich ab von dir derselben kurzes Prangen,
Halt ihre Lust für eine schwere Last:
So wirst du leicht in diesen Port gelangen,
Da Ewigkeit und Schönheit sich umfaßt.

*Friedrich von Schiller*

## Hoffnung

Es reden und träumen die Menschen viel
    Von bessern künftigen Tagen,
Nach einem glücklichen goldenen Ziel
    Sieht man sie rennen und jagen.
Die Welt wird alt und wird wieder jung,
Doch der Mensch hofft immer Verbesserung!

Die Hoffnung führt ihn ins Leben ein,
    Sie umflattert den fröhlichen Knaben,
Den Jüngling begeistert ihr Zauberschein,
    Sie wird mit dem Greis nicht begraben,
Denn beschließt er im Grabe den müden Lauf,
Noch am Grabe pflanzt er – die Hoffnung auf.

Er ist kein leerer schmeichelnder Wahn,
    Erzeugt im Gehirne des Toren.
Im Herzen kündet es laut sich an,
    Zu was Besserm sind wir geboren,
Und was die innere Stimme spricht,
Das täuscht die hoffende Seele nicht.


*Hugo von Hofmannsthal*

## Was ist die Welt?

Was ist die Welt? Ein ewiges Gedicht,
Daraus der Geist der Gottheit strahlt und glüht,
Daraus der Wein der Weisheit schäumt und sprüht,
Daraus der Laut der Liebe zu uns spricht

Und jedes Menschen wechselndes Gemüt,
Ein Strahl ists, der aus dieser Sonne bricht,
Ein Vers, der sich an tausend andre flicht,
Der unbemerkt verhallt, verlischt, verblüht.

Und doch auch eine Welt für sich allein,
Voll süß-geheimer, nievernommner Töne,
Begabt mit eigner, unentweihter Schöne,
Und keines Andern Nachhall, Widerschein.

Und wenn du gar zu lesen drin verstündest,
Ein Buch, das du im Leben nicht ergründest.

*Rainer Maria Rilke*

## Der Panther

Im Jardin des Plantes, Paris

SEIN Blick ist vom Vorübergehn der Stäbe
so müd geworden, daß er nichts mehr hält.
Ihm ist, als ob es tausend Stäbe gäbe
und hinter tausend Stäben keine Welt.

Der weiche Gang geschmeidig starker Schritte,
der sich im allerkleinsten Kreise dreht,
ist wie ein Tanz von Kraft um eine Mitte,
in der betäubt ein großer Wille steht.

Nur manchmal schiebt der Vorhang der Pupille
sich lautlos auf –. Dann geht ein Bild hinein,
geht durch der Glieder angespannte Stille –
und hört im Herzen auf zu sein.


*Ingeborg Bachmann*

## Reklame

Wohin aber gehen wir
*ohne sorge sei ohne sorge*
wenn es dunkel und wenn es kalt wird
*sei ohne sorge*
aber
*mit musik*
was sollen wir tun
*heiter und mit musik*
und denken
*heiter*
angesichts eines Endes
*mit musik*
und wohin tragen wir
*am besten*
unsre Fragen und den Schauer aller Jahre
*in die Traumwäscherei ohne sorge sei ohne sorge*
was aber geschieht
*am besten*
wenn Totenstille

eintritt

*Paul Klee (1879–1940): Villa R*

# Jahrgangsstufe 10

*Johann Wolfgang von Goethe*

## An den Mond

Füllest wieder Busch und Tal
Still mit Nebelglanz,
Lösest endlich auch einmal
Meine Seele ganz;

Breitest über mein Gefild
Lindernd deinen Blick,
Wie des Freundes Auge mild
Über mein Geschick.

Jeden Nachklang fühlt mein Herz
Froh- und trüber Zeit,
Wandle zwischen Freud und Schmerz
In der Einsamkeit.

Fließe, fließe, lieber Fluß!
Nimmer werd ich froh,
So verrauschte Scherz und Kuß,
Und die Treue so.

Ich besaß es doch einmal,
Was so köstlich ist!
Daß man doch zu seiner Qual
Nimmer es vergißt!

Rausche, Fluß, das Tal entlang,
Ohne Rast und Ruh,
Rausche, flüstre meinem Sang
Melodien zu,

Wenn du in der Winternacht
Wütend überschwillst,
Oder um die Frühlingspracht
Junger Knospen quillst.

Selig, wer sich vor der Welt
Ohne Haß verschließt,
Einen Freund am Busen hält
Und mit dem genießt,

Was, von Menschen nicht gewußt
Oder nicht bedacht,
Durch das Labyrinth der Brust
Wandelt in der Nacht.


*Stefan George*

## [Komm in den totgesagten Park]

Komm in den totgesagten park und schau ·
Der schimmer ferner lächelnder gestade ·
Der reinen wolken unverhofftes blau
Erhellt die weiher und die bunten pfade.

Dort nimm das tiefe gelb · das weiche grau
Von birken und von buchs · der wind ist lau ·
Die späten rosen welkten noch nicht ganz ·
Erlese küsse sie und flicht den kranz ·

Vergiss auch diese letzten astern nicht ·
Den purpur um die ranken wilder reben ·
Und auch was übrig blieb von grünem leben
Verwinde leicht im herbstlichen gesicht.

*Ingeborg Bachmann*

## Die große Fracht

Die große Fracht des Sommers ist verladen,
das Sonnenschiff im Hafen liegt bereit,
wenn hinter dir die Möwe stürzt und schreit.
Die große Fracht des Sommers ist verladen.

Das Sonnenschiff im Hafen liegt bereit,
und auf die Lippen der Galionsfiguren
tritt unverhüllt das Lächeln der Lemuren.
Das Sonnenschiff im Hafen liegt bereit.

Wenn hinter dir die Möwe stürzt und schreit,
kommt aus dem Westen der Befehl zu sinken;
doch offnen Augs wirst du im Licht ertrinken,
wenn hinter dir die Möwe stürzt und schreit.


*Georg Heym*

## Der Winter

Der Sturm heult immer laut in den Kaminen
Und jede Nacht ist blutig-rot und dunkel.
Die Häuser recken sich mit leeren Mienen.

Nun wohnen wir in rings umbauter Enge,
Im kargen Licht und Dunkel unserer Gruben,
Wie Seiler zerrend grauer Stunden Länge.

Die Tage zwängen sich in niedre Stuben,
Wo heisres Feuer krächzt in großen Öfen.
Wir stehen an den ausgefrornen Scheiben
Und starren schräge nach den leeren Höfen.

*Gottfried Benn*

# Einsamer nie —

Einsamer nie als im August:
Erfüllungsstunde — im Gelände
die roten und die goldenen Brände,
doch wo ist deiner Gärten Lust?

Die Seen hell, die Himmel weich,
die Äcker rein und glänzen leise,
doch wo sind Sieg und Siegsbeweise
aus dem von dir vertretenen Reich?

Wo alles sich durch Glück beweist
und tauscht den Blick und tauscht die Ringe
im Weingeruch, im Rausch der Dinge —
dienst du dem Gegenglück, dem Geist.


*Oskar Loerke*

# Der Silberdistelwald

Mein Haus, es steht nun mitten
Im Silberdistelwald.
Pan ist vorbeigeschritten.
Was stritt, hat ausgestritten
In seiner Nachtgestalt.

Die bleichen Disteln starren
Im Schwarz, ein wilder Putz.
Verborgne Wurzeln knarren:
Wenn wir Pans Schlaf verscharren,
Nimmt niemand ihn in Schutz.

Vielleicht, daß eine Blüte
Zu tiefer Kommunion
Ihm nachfiel und verglühte:
Mein Vater du, ich hüte,
Ich hüte dich, mein Sohn.

Der Ort liegt waldinmitten,
Von stillstem Licht gefleckt.
Mein Herz — nichts kam geritten,
Kein Einhorn kam geschritten —
Mein Herz nur schlug erweckt.

*Johann Wolfgang von Goethe*

# Prometheus

Bedecke deinen Himmel, Zeus,
Mit Wolkendunst
Und übe, dem Knaben gleich,
Der Disteln köpft,
An Eichen dich und Bergeshöhn;
Mußt mir meine Erde
Doch lassen stehn
Und meine Hütte, die du nicht gebaut,
Und meinen Herd,
Um dessen Glut
Du mich beneidest.

Ich kenne nichts Ärmeres
Unter der Sonn als euch, Götter!
Ihr nähret kümmerlich
Von Opfersteuern
Und Gebetshauch
Eure Majestät
Und darbtet, wären
Nicht Kinder und Bettler
Hoffnungsvolle Toren.

Da ich ein Kind war,
Nicht wußte, wo aus noch ein,
Kehrt ich mein verirrtes Auge
Zur Sonne, als wenn drüber wär
Ein Ohr, zu hören meine Klage,
Ein Herz wie meins,
Sich des Bedrängten zu erbarmen.

Wer half mir
Wider der Titanen Übermut?
Wer rettete vom Tode mich,
Von Sklaverei?
Hast du nicht alles selbst vollendet,
Heilig glühend Herz?
Und glühtest jung und gut,
Betrogen, Rettungsdank
Dem Schlafenden da droben?

Ich dich ehren? Wofür?
Hast du die Schmerzen gelindert
Je des Beladenen?
Hast du die Tränen gestillet
Je des Geängsteten?
Hat nicht mich zum Manne geschmiedet
Die allmächtige Zeit
Und das ewige Schicksal,
Meine Herrn und deine?

Wähntest du etwa,
Ich sollte das Leben hassen,
In Wüsten fliehen,
Weil nicht alle
Blütenträume reiften?

Hier sitz ich, forme Menschen
Nach meinem Bilde,
Ein Geschlecht, das mir gleich sei,
Zu leiden, zu weinen,
Zu genießen und zu freuen sich,
Und dein nicht zu achten,
Wie ich!

*Friedrich Hölderlin*

## Hälfte des Lebens

Mit gelben Birnen hänget
Und voll mit wilden Rosen
Das Land in den See,
Ihr holden Schwäne,
Und trunken von Küssen
Tunkt ihr das Haupt
Ins heilignüchterne Wasser.

Weh mir, wo nehm' ich, wenn
Es Winter ist, die Blumen, und wo
Den Sonnenschein,
Und Schatten der Erde?
Die Mauern stehn
Sprachlos und kalt, im Winde
Klirren die Fahnen.


*Friedrich Nietzsche*

## Vereinsamt

Die Krähen schrein
und ziehen schwirren Flugs zur Stadt:
Bald wird es schnein –
Wohl dem, der jetzt noch Heimat hat.

Nun stehst du starr,
schaust rückwärts, ach, wie lange schon!
Was bist du, Narr,
vor Winters in die Welt entflohn?

Die Welt – ein Tor
zu tausend Wüsten stumm und kalt!
Wer das verlor,
was du verlorst, macht nirgends halt.

Nun stehst du bleich,
zur Winter-Wanderschaft verflucht,
dem Rauche gleich,
der stets nach kältern Himmeln sucht.

Flieg, Vogel, schnarr
dein Lied im Wüstenvogelton –
Versteck, du Narr,
dein blutend Herz in Eis und Hohn!

Die Krähen schrein
und ziehen schwirren Flugs zur Stadt:
Bald wird es schnein,
weh dem, der keine Heimat hat!

*Else Lasker-Schüler*

## Mein blaues Klavier

Ich habe zu Hause ein blaues Klavier
Und kenne doch keine Note.

Es steht im Dunkel der Kellertür,
Seitdem die Welt verrohte.

Es spielen Sternenhände vier
– Die Mondfrau sang im Boote –
Nun tanzen die Ratten im Geklirr.

Zerbrochen ist die Klaviatür.....
Ich beweine die blaue Tote.

Ach liebe Engel öffnet mir
– Ich aß vom bitteren Brote –
Mir lebend schon die Himmelstür –
Auch wider dem Verbote.

*Hermann Hesse*

## Stufen

Wie jede Blüte welkt und jede Jugend
Dem Alter weicht, blüht jede Lebensstufe,
Blüht jede Weisheit auch und jede Tugend
Zu ihrer Zeit und darf nicht ewig dauern.
Es muß das Herz bei jedem Lebensrufe
Bereit zum Abschied sein und Neubeginne,
Um sich in Tapferkeit und ohne Trauern
In andre, neue Bindungen zu geben.
Und jedem Anfang wohnt ein Zauber inne,
Der uns beschützt und der uns hilft zu leben.

Wir sollen heiter Raum um Raum durchschreiten,
An keinem wie an einer Heimat hängen,
Der Weltgeist will nicht fesseln uns und engen,
Er will uns Stuf' um Stufe heben, weiten.
Kaum sind wir heimisch einem Lebenskreise
Und traulich eingewohnt, so droht Erschlaffen,
Nur wer bereit zu Aufbruch ist und Reise,
Mag lähmender Gewöhnung sich entraffen.
Es wird vielleicht auch noch die Todesstunde
Uns neuen Räumen jung entgegensenden,
Des Lebens Ruf an uns wird niemals enden ...
Wohlan denn, Herz, nimm Abschied und gesunde!

*Bertolt Brecht*

# Die Liebenden

Sieh jene Kraniche in großem Bogen!
Die Wolken, welche ihnen beigegeben
Zogen mit ihnen schon, als sie entflogen
Aus einem Leben in ein andres Leben.
In gleicher Höhe und mit gleicher Eile
Scheinen sie alle beide nur daneben.
Daß so der Kranich mit der Wolke teile
Den schönen Himmel, den sie kurz befliegen
Daß also keines länger hier verweile
Und keines andres sehe als das Wiegen
Des andern in dem Wind, den beide spüren
Die jetzt im Fluge beieinander liegen.
So mag der Wind sie in das Nichts entführen
Wenn sie nur nicht vergehen und sich bleiben
Solange kann sie beide nichts berühren
Solange kann man sie von jedem Ort vertreiben
Wo Regen drohen oder Schüsse schallen.
So unter Sonn und Monds wenig verschiedenen Scheiben
Fliegen sie hin, einander ganz verfallen.
Wohin ihr?
      Nirgendhin.
            Von wem davon?
                    Von allen.
Ihr fragt, wie lange sind sie schon beisammen?
Seit kurzem.
        Und wann werden sie sich trennen?
                    Bald.
So scheint die Liebe Liebenden ein Halt.

*Erich Kästner*

## Sachliche Romanze

Als sie einander acht Jahre kannten
(und man darf sagen: sie kannten sich gut),
kam ihre Liebe plötzlich abhanden.
Wie andern Leuten ein Stock oder Hut.

Sie waren traurig, betrugen sich heiter,
versuchten Küsse, als ob nichts sei,
und sahen sich an und wußten nicht weiter.
Da weinte sie schließlich. Und er stand dabei.

Vom Fenster aus konnte man Schiffen winken.
Er sagte, es wäre schon Viertel nach vier
und Zeit, irgendwo Kaffee zu trinken.
Nebenan übte ein Mensch Klavier.

Sie gingen ins kleinste Café am Ort
und rührten in ihren Tassen.
Am Abend saßen sie immer noch dort.
Sie saßen allein, und sie sprachen kein Wort
und konnten es einfach nicht fassen.

*Peter Huchel*

## Letzte Fahrt

Mein Vater kam im Weidengrau
und schritt hinab zum See,
das Haar gebleicht vom kalten Tau,
die Hände rauh vom Schnee.

Er schritt vorbei am Grabgebüsch,
er nahm den Binsenweg.
Hell hinterm Röhricht sprang der Fisch,
das Netz hing naß am Steg.

Sein altes Netz, es hing beschwert,
er stieß die Stange ein.
Der schwarze Kahn, von Nacht geteert,
glitt in den See hinein.

Das Wasser seufzte unterm Kiel,
er stakte langsam vor.
Ein bleicher Streif vom Himmel fiel
weithin durch Schilf und Rohr.

Die Reuse glänzte unterm Pfahl,
der Hecht schlug hart und laut.
Der letzte Fang war schwarz und kahl,
das Netz zerriß im Kraut.

Die nasse Stange auf den Knien,
die Hand vom Staken wund,
er sah die toten Träume ziehn
als Fische auf dem Grund.

Er sah hinab an Korb und Schnur,
was grau als Wasser schwand,
sein Traum und auch sein Leben fuhr
durch Binsen hin und Sand.

Die Algen kamen kühl gerauscht,
er sprach dem Wind ein Wort.
Der tote Hall, dem niemand lauscht,
sagt es noch immerfort.

Ich lausch dem Hall am Grabgebüsch,
der Tote sitzt am Steg.
In meiner Kanne springt der Fisch.
Ich geh den Binsenweg.

*Paul Celan*

## [Espenbaum]

ESPENBAUM, dein Laub blickt weiß ins Dunkel.
Meiner Mutter Haar ward nimmer weiß.

Löwenzahn, so grün ist die Ukraine.
Meine blonde Mutter kam nicht heim.

Regenwolke, säumst du an den Brunnen?
Meine leise Mutter weint für alle.

Runder Stern, du schlingst die goldne Schleife.
Meiner Mutter Herz ward wund von Blei.

Eichne Tür, wer hob dich aus den Angeln?
Meine sanfte Mutter kann nicht kommen.


*Christoph Meckel*

## Andere Erde

Wenn erst die Bäume gezählt sind und das Laub
Blatt für Blatt auf die Ämter gebracht wird
werden wir wissen, was die Erde wert war.
Einzutauchen in Flüsse voll Wasser
und Kirschen zu ernten an einem Morgen im Juni
wird ein Privileg sein, nicht für Viele.
Gerne werden wir uns der verbrauchten Welt
erinnern, als die Zeit sich vermischte
mit Monstern und Engeln, als der Himmel
ein offener Abzug war für den Rauch
und Vögel in Schwärmen über die Autobahn flogen
(wir standen im Garten, und unsre Gespräche
hielten die Zeit zurück, das Sterben der Bäume
flüchtige Legenden von Nesselkraut).

Shut up. Eine andere Erde, ein anderes Haus.
(Ein Habichtflügel im Schrank. Ein Blatt. Ein Wasser.)

# Verzeichnis der Gedichtmotive

(In Klammer die Jahrgangsstufe, für die das Gedicht vorgesehen ist)

### Herbst

| | |
|---|---|
| Britting: Drachen (5) | 8 |
| Hebbel: Herbstbild (5) | 8 |
| Mörike: Septembermorgen (6) | 18 |
| Rilke: Herbsttag (7) | 26 |
| Storm: Die Stadt (7) | 26 |
| Hesse: Im Nebel (8) | 41 |
| Eich: Pfaffenhut (9) | 57 |
| Bachmann: Die große Fracht (10) | 67 |

### Winter

| | |
|---|---|
| Brecht: Die Vögel warten im Winter (5) | 9 |
| Trakl: Im Winter (7) | 27 |
| Heym: Der Winter (10) | 67 |

### Frühling

| | |
|---|---|
| Eichendorff: Frische Fahrt (5) | 10 |
| Mörike: Er ists (6) | 18 |
| Uhland: Frühlingsglaube (6) | 18 |
| Heym: April (7) | 27 |
| Hofmannsthal: Vorfrühling (8) | 42 |
| Goethe: Mailied (9) | 58 |

### Sommer

| | |
|---|---|
| Huchel: Der glückliche Garten (5) | 12 |
| Kaschnitz: Juni (6) | 19 |
| Britting: Fröhlicher Regen (7) | 28 |
| Krolow: Kurzes Unwetter (7) | 28 |
| Hagelstange: Sommerliches Gebet (7) | 29 |
| Gerhardt: Geh aus mein Herz (8) | 43 |
| Eichendorff: Sehnsucht (9) | 59 |
| Benn: Einsamer nie – (10) | 68 |

### Abend

| | |
|---|---|
| Claudius: Abendlied (6) | 16 |
| Brentano: Abendständchen (8) | 40 |

### Nacht

| | |
|---|---|
| Eichendorff: Mondnacht (8) | 40 |
| Goethe: An den Mond (10) | 66 |

### Morgen

| | |
|---|---|
| Knorr von Rosenroth: Morgenandacht (8) | 41 |
| Tucholsky: Augen in der Großstadt (8) | 45 |

### Reisen

| | |
|---|---|
| Eichendorff: Frische Fahrt (5) | 10 |
| Heine: Meeresstille (5) | 11 |
| George: Vogelschau (7) | 30 |
| Kaschnitz: Ostia antica (7) | 30 |
| Eichendorff: Sehnsucht (9) | 59 |
| Benn: Reisen (9) | 59 |

### Stadt

| | |
|---|---|
| Storm: Die Stadt (7) | 26 |
| Rilke: Das Karussell (8) | 44 |
| Tucholsky: Augen in der Großstadt (8) | 45 |
| Trakl: Die schöne Stadt (9) | 56 |
| Meyer: Der römische Brunnen (9) | 57 |

### Natur

| | |
|---|---|
| Goethe: Gefunden (5) | 10 |
| Huchel: Der glückliche Garten (5) | 12 |
| Eich: Pfaffenhut (9) | 57 |
| Piontek: Die Furt (9) | 60 |
| Kunze: Sensible Wege (9) | 60 |
| George: Komm in den totgesagten Park (10) | 66 |
| Loerke: Der Silberdistelwald (10) | 68 |
| Meckel: Andere Erde (10) | 75 |

## Tiere

Brecht: Die Vögel warten im Winter (5)  9
Huchel: Der glückliche Garten (5) ...  12
Busch: Fink und Frosch (5) ........  14
Britting: Raubritter (6) ............  20
George: Vogelschau (7) ...........  30
Busch: Bewaffneter Friede (7) ......  38
Rilke: Der Panther (9) ............  64

## Lebenslauf

Huchel: Der glückliche Garten (5) ...  12
Carossa: Was einer ist, was einer
    war (5)..................  12
Goes: Die Schritte (6) ............  20
Alter Volksspruch: Ich kam,
    weiß nicht woher (8) ......  47
Hölderlin: Hälfte des Lebens (10) ...  70
Nietzsche: Vereinsamt (10) ........  70
Lasker-Schüler: Mein blaues
    Klavier (10) ............  71
Hesse, Stufen (10) ..............  71

## Tod

Huchel: Letzte Fahrt (10) .........  74
Celan: Espenbaum (10) ..........  75

## Was ist der Mensch/die Welt?

Hesse: Im Nebel (8) ..............  41
Walther: Ich saz ûf eime steine (8) ...  46
Gryphius: Es ist alles eitel (9) .......  62
Hofmannswaldau: Die Welt (9) .....  62
Schiller: Hoffnung (9) ............  63
Hofmannsthal: Was ist die Welt? (9) .  63
Bachmann: Reklame (9) ..........  64
Goethe: Prometheus (10) .........  69
Hesse: Stufen (10) ..............  71

## Lebensrat

Mörike: Gebet (5) ...............  12
Ringelnatz: Schenken (5) .........  13
Eichendorff: Wünschelrute (6) ......  16

Roth: Trost (6) ................  17
Goes: Die Schritte (6) ...........  20
Fühmann: Lob des Ungehorsams (6) .  21
Lehmann: An meinen ältesten Sohn (8) 48

## Liebe

Goethe: Mailied (9) ..............  58
Goethe: Willkommen und Abschied (9) 61
Heine: Ich weiß nicht, was soll
    es bedeutet (9) ..........  61
Brecht: Die Liebenden (10) ........  72
Kästner: Sachliche Romanze (10) ...  73

## Krieg

Claudius: Kriegslied (8) ..........  47

## Humor/Satire

Morgenstern: Der Lattenzaun (5) ....  13
Busch: Fink und Frosch (5) ........  14
Goethe: Schneider-Courage (6) ....  22
Liliencron: Die Musik kommt (6) ....  23
Morgenstern: Die unmögliche
    Tatsache (6) ............  24
Kästner: Die Entwicklung der
    Menschheit (7)............  37

## Balladen

### a) heldische

Schiller: Der Handschuh (7) .......  31
Schiller: Die Bürgschaft (8) ........  50

### b) dämonische und naturmagische

Goethe: Der Zauberlehrling (7) .....  32
Mörike: Der Feuerreiter (7) ........  35
Droste: Der Knabe im Moor (8) .....  48
Fontane: Die Brück' am Tay (8) .....  52

### c) historisch-sagenhafte

Platen: Das Grab im Busento (7) ....  33
Heine: Belsazar (7) ..............  34
Heym: Columbus (8) ............  54

# Autoren- und Quellenverzeichnis

**Bachmann, Ingeborg**
(* 1926 in Klagenfurt, † 1973 in Rom)
Reklame   64
Die große Fracht   67
aus: Werke. Hrsg. von Christine Koschel, Inge von Weidenbaum, Clemens Münster. R. Piper Verlag München, Sonderausgabe 1982, Band 1, S. 114, 34

**Benn, Gottfried**
(* 1886 in Mansfeld/Westprignitz, † 1956 in Berlin)
Reisen   59
Einsamer nie –   68
aus: Das Hauptwerk. Hrsg. von Marguerite Schlüter. Limes Verlag, Wiesbaden und München 1960 (jetzt Klett-Cotta, Stuttgart), Erster Band, S. 327, 140

**Brecht, Bertolt**
(* 1898 in Augsburg, † 1956 in Berlin)
Die Vögel warten im Winter vor dem Fenster   9
Die Liebenden   72
aus: Gesammelte Werke. werkausgabe edition suhrkamp. Suhrkamp Verlag, Frankfurt am Main 1967, Band 10, S. 971; Band 2, S. 535

**Brentano, Clemens**
(* 1778 in Ehrenbreitstein, † 1842 in Aschaffenburg)
Abendständchen   40
aus: Werke. Hrsg. von Wolfgang Frühwald, Bernhard Gajek und Friedhelm Kemp. Carl Hanser Verlag, München 1968, Erster Band, S. 144

**Britting, Georg**
(* 1891 in Regensburg, † 1964 in München)
Drachen   8
Raubritter   20
Fröhlicher Regen   28
aus: Gesamtausgabe in Einzelbänden. Gedichte 1919–1939. Nymphenburger Verlagshandlung, München 1957, S. 91, 43, 50

**Busch, Wilhelm**
(* 1832 in Wiedensahl/Hannover, † in Mechtshausen/Harz)
Fink und Frosch   14
Bewaffneter Friede   38
aus: Gesamtausgabe. Hrsg. von Otto Nöldeke. Verlag Braun und Schneider, München 1943. Vierte Auflage o. J., Band 5, S. 376, 268

**Carossa, Hans**
(* 1878 in Bad Tölz, † 1956 in Rittesteig bei Passau)
Was einer ist, was einer war   12
aus: Sämtliche Werke. Insel Verlag, Frankfurt am Main 1962, I. Band, S. 59

**Celan, Paul**
(Paul Ančel bzw. Antschel)
(* 1920 in Czernowitz, † 1970 in Paris)
Espenbaum   75
aus: Mohn und Gedächtnis. Deutsche Verlagsanstalt, Stuttgart, 3. Auflage 1958, S. 15

**Claudius, Matthias**
(* 1740 in Reinfeld/Holstein, † 1815 in Hamburg)
Abendlied   16
Kriegslied   47
aus: Werke. Hrsg. von Urban Roedl. Europäischer Buchklub, Stuttgart-Zürich-Salzburg 1965, S. 264, 290

**Droste-Hülshoff, Annette von**
(* 1797 auf Schloß Hülshoff bei Münster, † 1848 in Meersburg/Bodensee)
Der Knabe im Moor   48
aus: Werke in einem Band. Hrsg. von Rudolf Ibel. Hoffmann und Campe Verlag, Hamburg o. J., S. 67

**Eich, Günter**
(* 1907 in Lebus/Oder, † 1972 in Salzburg)
Pfaffenhut   57
aus: Gesammelte Werke. Suhrkamp Verlag, Frankfurt am Main 1973, S. 43

**Eichendorff, Joseph von**
(* 1788 auf Schloß Lubowitz/Oberschlesien, † 1857 in Neiße)
Frische Fahrt   10
Wünschelrute   16
Mondnacht   40
Sehnsucht   59
aus: Werke in einem Band. Hrsg. von Wolfdietrich Rasch. Carl Hanser Verlag, München 1977, S. 9, 103, 271, 30

**Fontane, Theodor**
(* 1819 in Neuruppin, † 1898 in Berlin)
Die Brück' am Tay   52
aus: Sämtliche Werke. Hrsg. von Edgar Groß und Kurt Schreinert. Band XX (Balladen und Gedichte), S. 165

**Fühmann, Franz**
(* 1922 in Rokytnice/Tschechoslowakei, † 1984 in Ost-Berlin)
Lob des Ungehorsams   21
aus: Die Richtung der Märchen. Gedichte. Aufbau Verlag, Berlin und Weimar 1962

**George, Stefan**
(* 1868 in Büdesheim/Hessen, † 1933 in Minusio bei Locarno)
Vogelschau   30
Komm in den totgesagten Park   66
aus: Werke. Ausgabe in zwei Bänden. Helmut Küpper vormals Georg Bondi Verlag, München und Düsseldorf 1958 (jetzt Klett-Cotta Stuttgart), S. 59, 121

**Gerhardt, Paul**
(* 1607 in Gräfenhainichen/Sachsen, † 1676 in Lübben/Spree)
Geh aus mein Herz   43
aus: Dichtungen und Schriften. Hrsg. von Eberhard von Cranach-Sichard. Paul Müller Verlag, München 1957

**Goes, Albrecht**
(* 1908 in Langenbeutingen/Württemberg, lebt in Stuttgart)
Die Schritte   20
aus: Aber im Wind das Wort. Prosa und Verse aus zwanzig Jahren. G. B. Fischer Verlag, Frankfurt am Main 1963, S. 21

**Goethe, Johann Wolfgang von**
(* 1749 in Frankfurt a. M., † 1832 in Weimar)
Gefunden   10
Schneider-Courage   22
Der Zauberlehrling   32
Mailied   58
Willkommen und Abschied   61
An den Mond   66
Prometheus   69
aus: Gedenkausgabe der Werke, Briefe und Gespräche. Hrsg. von Ernst Beutler. Artemis Verlag, Zürich 1950, Band 1, S. 23, 448, 149, 49, 52, 71, 320

**Gryphius, Andreas**
(* 1616 in Glogau, † 1664 in Glogau)
Es ist alles eitel   62
aus: Das große deutsche Gedichtbuch. Hrsg. von Karl Otto Conrady. Athenäum Verlag, Kronberg im Taunus 1977, S. 110

**Hagelstange, Rudolf**
(*1912 in Nordhausen im Harz, † 1984 in Hanau)
Sommerliches Gebet   29
aus: Strom der Zeit. Insel Verlag, Frankfurt am Main 1948, S. 39

**Hebbel, Friedrich**
(* 1813 in Wesselburen/Holstein, † 1863 in Wien)
Herbstbild   8
aus: Werke in 3 Bänden. Hrsg. von Gerhard Fricke, Werner Keller und Karl Pörnbacher. Carl Hanser Verlag, München 1965, Dritter Band, S. 51

**Heine, Heinrich**
(* 1797 in Düsseldorf, † 1856 in Paris)
Meeresstille   11
Belsazar   34
Ich weiß nicht, was soll es bedeuten   61
aus: Sämtliche Schriften. Hrsg. von Klaus Briegleb. Hanser Verlag, München 1968, Band 1, S. 191, 54, 107

**Hesse, Hermann**
(* 1877 in Calw/Württemberg, † 1962 in Montagnola/Schweiz)
Im Nebel   41
Stufen   71
aus: Gesammelte Werke. werkausgabe edition suhrkamp. Suhrkamp Verlag, Frankfurt am Main 1970, Band 1, S. 27, 119

**Heym, Georg**
(* 1887 in Hirschberg/Schlesien, † 1912 in Berlin)
April   27
Columbus   54
Der Winter   67
aus: Dichtungen und Schriften. Hrsg. von Karl Ludwig Schneider. Verlag Heinrich Ellermann, Hamburg und München 1964, Band 1: Lyrik, S. 66, 218, 395

**Hölderlin, Friedrich**
(* 1770 in Lauffen/Neckar, † 1843 in Tübingen)
Hälfte des Lebens   70
aus: Sämtliche Werke. Hrsg. von Friedrich Beissner. Kohlhammer Verlag, Stuttgart 1951, Zweiter Band, S. 117

**Hofmann von Hofmannswaldau, Christian**
(* 1617 in Breslau, †1679 in Breslau)
Die Welt   62
aus: Karl Otto Conrady (Hrsg.), Das große deutsche Gedichtbuch. Athenäum Verlag, Königstein im Taunus 1978, S. 138

**Hofmannsthal, Hugo von**
(* 1874 in Wien, † 1929 in Rodaun bei Wien)
Vorfrühling   42
Was ist die Welt?   63
aus: Gesammelte Werke. Hrsg. von Herbert Steiner. S. Fischer Verlag, Frankfurt am Main 1963. Band „Gedichte und lyrische Dramen", S. 7, 467

**Huchel, Peter**
(* 1903 in Berlin, † 1981 bei Freiburg)
Der glückliche Garten   12
Letzte Fahrt   74
aus: Die Sternenreuse. Gedichte 1925–1947. Piper Verlag, München 1967, S. 42, 27

**Kästner, Erich**
(* 1899 in Dresden, † 1974 in München)
Die Entwicklung der Menschheit   37
aus: Gesang zwischen den Stühlen. Atrium Verlag, Zürich 1933
Sachliche Romanze   73
aus: Dr. Kästners lyrische Hausapotheke. Atrium Verlag, Zürich 1936

**Kaschnitz, Marie Luise**
(* 1901 in Karlsruhe, † 1974 in Rom)
Juni   19
Ostia antica   30
aus: Überallnie. Ausgewählte Gedichte 1928–1965. Claassen Verlag, Hamburg 1965, S. 21, 152

**Knorr von Rosenroth, Christian**
(* 1636 in Alt-Randen/Schlesien, † 1689 in Sulzbach)
Morgenandacht   41
aus: Karl Otto Conrady (Hrsg.), Das große deutsche Gedichtbuch. Athenäum Verlag, Königstein im Taunus 1978, S. 145 (gekürzt)

**Krolow, Karl**
(* 1915 in Hannover, lebt in Darmstadt)
Kurzes Unwetter   28
aus: „Herz tröste dich. Poesie für jeden Tag." Hrsg. von Konstantin Rühm. Herder Verlag, Freiburg 1984. © Karl Krolow

**Kunze, Reiner**
(* 1933 in Oelsnitz/Erzgeb., lebt bei Passau)
Sensible Wege   60
aus: Sensible Wege. 48 Gedichte und ein Zyklus. Rowohlt Verlag, Reinbek bei Hamburg 1969, S. 51

**Lasker-Schüler, Else**
(* 1869 in Eberfeld, † 1945 in Jerusalem)
Mein blaues Klavier   71
aus: Gedichte. Hrsg. von Friedhelm Kemp. Kösel Verlag, München 1959, S. 337

**Lehmann, Wilhelm**
(* 1882 in Puerto Cabello/Venezuela, † 1968 in Eckernförde)
An meinen ältesten Sohn   48
aus: Sämtliche Werke in drei Bänden. Sigbert Mohn Verlag, Gütersloh 1962, Dritter Band, S. 429

**Liliencron, Detlev von**
(* 1844 in Kiel, † 1909 in Alt-Rahlstedt bei Hamburg)
Die Musik kommt   23
aus: Werke. Hrsg. von Benno von Wiese. Insel Verlag, Frankfurt am Main 1977, Erster Band, S. 305

**Loerke, Oskar**
(* 1884 in Jungen/Westpreußen, † 1941 in Berlin)
Der Silberdistelwald   68
aus: Gedichte und Prosa. Hrsg. von Peter Suhrkamp. Suhrkamp Verlag, Frankfurt am Main 1958, Band: Die Gedichte, S. 402

**Meckel, Christoph**
(* 1935 in Berlin, lebt in Berlin)
Andere Erde   75
aus: Ausgewählte Gedichte 1955–1978. Athenäum Verlag, Königstein im Taunus 1979, S. 81

**Meyer, Conrad Ferdinand**
(* 1825 in Zürich, † 1898 in Kilchberg bei Zürich)
Der römische Brunnen   57
aus: Sämtliche Werke in zwei Bänden. Winkler Verlag, München 1968, Band II

**Mörike, Eduard**
(* 1804 in Ludwigsburg, † 1875 in Stuttgart)
Gebet   12

Septembermorgen   18

Er ists   18

Der Feuerreiter   35
aus: Werke in einem Band. Hrsg. von Herbert G. Göpfert. Carl Hanser Verlag, München 1977, S. 127, 29, 94, 55

**Morgenstern, Christian**
(*1871 in München, † 1914 in Meran)
Der Lattenzaun   13

Die unmögliche Tatsache   24
aus: Galgenlieder. Ausgewählt von Max Knight. R. Piper Verlag, München 1972, S. 6, 22

**Nietzsche, Friedrich**
(* 1844 in Röcken bei Lutzen, †1900 in Weimar)
Vereinsamt   70
aus: Werke. Hrsg. von Alfred Baeumler. Alfred Kröner Verlag, Leipzig 1930, Band 5

**Piontek, Heinz**
(* 1925 in Kreuzberg/Oberschlesien, lebt in München)
Die Furt   60
aus: Die Rauchfahne, Bechtle-Verlag, Esslingen 1952

**Platen, August von**
(* 1796 in Ansbach, † 1835 in Syrakus)
Das Grab im Busento   33
aus: Platens sämtliche Werke. J. G. Cottasche Buchhandlung/ Gebr. Kröner Verlagshandlung, Stuttgart o. J., S. 138

**Rilke, Rainer Maria**
(* 1875 in Prag, † 1926 in Val Mont bei Montreux)
Herbsttag   26

Das Karussell   44

Der Panther   64
aus: Werke in sechs Bänden. Hrsg. vom Rilke-Archiv. In Verbindung mit Ruth Sieber-Rilke, besorgt durch Ernst Zinn. Insel Verlag, Frankfurt am Main 1980, Band 1, S. 154; Band 2, S. 286, 261

**Ringelnatz, Joachim**
(* 1883 in Wurzen, † 1934 in Berlin)
Schenken   13
aus: und auf einmal steht es neben dir. Gesammelte Gedichte. Karl H. Henssel Verlag, Berlin 1950, S. 211

**Roth, Eugen**
(* 1895 in München, † 1976 in München)
Trost   17
aus: Sämtliche Werke. Carl Hanser Verlag, München 1977, Dritter Band, S. 371

**Schiller, Friedrich von**
(* 1759 in Marbach/Neckar, † 1805 in Weimar)
Der Handschuh   31

Die Bürgschaft   50

Hoffnung   63
aus: Schillers Werke. Nationalausgabe. Zweiter Band, Teil 1: Gedichte 1799–1805, letzte Gestalt. Hrsg. von Norbert Oellers. Verlag Hermann Böhlaus Nachfolger, Weimar 1983, S. 274, 250, 409

**Storm, Theodor**
(* 1817 in Husum/Schleswig, † 1888 in Hademarschen/Holstein.)
Die Stadt   26
aus: Werke in drei Bänden. Hrsg. von Hermann Engelhard. J. G. Cottasche Buchhandlung, Stuttgart o. J., Erster Band, S. 165

**Trakl, Georg**
(* 1887 in Salzburg, † 1914 in Krakau)
Im Winter   27

Die schöne Stadt   56
aus: Dichtungen und Briefe. Historisch-kritische Ausgabe. Hrsg. von Walter Killy und Hans Szklenar. Otto Müller Verlag, Salzburg 1969, Band 1, S. 39, 23

**Tucholsky, Kurt**
(* 1890 in Berlin, † 1935 in Hindås/Schweden)
Augen in der Großstadt   45
aus: Gesammelte Werke in 10 Bänden. Hrsg. von Mary Gerold-Tucholsky und Fritz J. Raddatz. Rowohlt Verlag, Reinbek bei Hamburg 1975, Band 8, S. 69

**Uhland, Ludwig**
(* 1787 in Tübingen, † 1862 in Tübingen)
Frühlingsglaube   18
aus: Dichtungen, Briefe, Reden. Eine Auswahl. Hrsg. von Walter P. H. Scheffler. J. F. Steinkopf Verlag, Stuttgart 1963, S. 148

**Walther von der Vogelweide**
(* vermutlich um 1170 in Niederösterreich, † 1230 bei Würzburg)
Ich saz ûf eime steine   46
aus: Walther von der Vogelweide, Gedichte. Ausgewählt und übersetzt von Peter Wapnewski. Fischer Bücherei, Fischer Verlag, Frankfurt am Main 1962, S. 124